DER SIOUX-CHEF
Indigen kochen

Sean Sherman
mit Beth Dooley

Aus dem Amerikanischen
von Sabine Franke

Sean
Sherman

mit Beth
Dooley

DER SIOUX CHEF

Indigen kochen

kanon verlag

Die Originalausgabe erschien erstmals 2017 unter dem Titel »The Sioux Chef's Indigenous Kitchen« bei der University of Minnesota Press, Minneapolis und London.

Wenn Sie mehr über The Sioux Chef und unsere Arbeit, mit der wir die native amerikanische Küche in die heutige Welt transportieren wollen, erfahren möchten, besuchen Sie uns auf www.sioux-chef.com.

ISBN 978-3-98568-150-1
1. Auflage 2024

Gestaltung und Satz: Anke Fesel / bobsairport
Unter Verwendung eines Fotos von Mette Nielsen
Herstellung: Daniel Klotz / Die Lettertypen
Druck und Bindung: Pustet, Regensburg
Printed in Germany

www.kanon-verlag.de

Bildnachweise

David Bowman Seite 18
Phillip Breker Seite 27, 49, 56, 62, 103, 114, 131 (oben und unten), 139, 149, 156, 157, 188
Nancy Bundt Seite ii, 19, 32, 36, 37 (links), 38, 40, 44 (rechts), 81, 86, 90, 92, 104, 112, 115, 124, 127, 154, 159, 172, 179, 194, 206, 202
Heidi Ehalt Seite 37 (rechts), 44 (links und Mitte), 174, 225
Elizabeth Hoover Seite 52, 84, 85 (oben und unten), 154, 210
Eliesa Johnson für SeriousEats.com Seite 161
Minnesota Historical Society, Seite 70 **(Gilbert Livingstone Wilson),** 83 **(Carl Gustav Linde),** 116 (oben), 203
Mette Nielsen Seite 29, 41, 43, 50, 58, 59, 66, 75, 78, 94, 97, 100, 108, 124, 132, 146, 150, 153, 162, 165, 176, 196, 199, 208
Sean Sherman Seite 12, 61, 72, 80, 89, 113, 121, 123
Dana Thompson Seite 69, 107, 111, 142, 155, 190

Dieses Buch ist unseren Vorfahren und allen indigenen Menschen gewidmet, die jahrhundertelang unter dem Kolonialismus gelitten haben. Wir, die Nachfahren der First Nation, sind der lebende Beweis für Tapferkeit und Widerstandskraft. Wir stellen unsere Arbeit der nächsten Generation zur Verfügung, auf dass diese die Flamme des Wissens weitertragen und unsere Traditionen, unsere Ernährungsweise und unsere Heilkunde für künftige Generationen lebendig halten kann. Wir widmen diese Seiten der Erde, Turtle Island, unserem Zuhause, unserem Ein und Alles, in der Hoffnung, dass wir Indigenen stets unerschütterlich für ihren Schutz einstehen.

INHALT

I SEE GENERATIONS

EINFÜHRUNG

Die Zeit und die Gegend, in die ich hineingeboren wurde, sind nur schwer zu beschreiben: die Pine Ridge Reservation des Jahres 1974 – weite, offene Prärien, der Duft von Weißem Salbei und Wilder Bergamotte, hochstehende Gräser, der Himmel weit und groß, und trockene, windige, staubige Hitze. Das Wetter kann man Meilen entfernt schon riechen. In den 1970er Jahren in der Pine Ridge Reservation aufzuwachsen bedeutete, so zu leben, wie es sich für die meisten Amerikaner in den Fünfzigern angefühlt hatte. Kinder schnallte man nicht an: Wir fuhren hinten auf der offenen Ladefläche von Pick-ups mit, an deren Rückfenstern Gewehre in ihren Halterungen lagen.

Meine jüngere Schwester und ich wohnten auf der Ranch meiner Großeltern, unsere Cousins eine Meile weiter den Berg hinunter. Wir waren eine bunt zusammengewürfelte und unbezähmbare Horde Kinder, so wild wie die Hunde, mit denen wir umherstreiften, wenn wir die weiten Grasflächen und Sandhügel erkundeten und nach Antilopen, Maultierhirschen, Fasanen, Schweifhühnern, Kanadakranichen, Salamandern, Wildenten, Gänsen, Hasen, Bullennattern, Klapperschlangen, Präriehunden, Koyoten oder Stachelschweinen Ausschau hielten. Auf unserem Fernsehapparat liefen bloß drei Programme, sodass wir, außer bei den samstäglichen Comicfilmen, oder wenn Folgen von *Drei Mädchen und drei Jungen*, *Petticoat Junction* oder *Unsere kleine Farm* wiederholt wurden, nicht versucht waren, ihn anzustellen.

Ich erinnere mich, wie mein Vater versuchte, mir in seinem 76er Ford das Autofahren mit Handkupplung beizubringen, als ich gerade mal groß genug war, um stehend übers Lenkrad schauen zu können. Im Alter von sieben hatte ich gelernt, wie man mit einem Gewehr umgeht, und stellte mich beim Erlegen von Federwild und mitunter auch Gabelböcken oder Hirschen ganz geschickt an, ich konnte beim Graben nach Timpsula, der wilden Prärierübe, helfen und Traubenkirschen sammeln. Wir alle packten bei Alltagsaufgaben mit an, wenn etwa Zäune zu reparieren, Vieh auf die Weide zu bringen, Wasserspeicher und Windräder zu kontrollieren oder Pferde und Viehherden zusammenzuhalten waren. Wir waren staubig, und überall war Sand, aber niemals wurde mir bewusst, dass uns auch bittere Armut anhaftete.
Die Ranch unserer Familie lag an die zwanzig Meilen von der Siedlung Pine Ridge und ungefähr zehn Meilen von Batesland, South Dakota, entfernt, einem Ort mit 200 Einwohnern, wo ich in einer Klasse mit etwa zwölf anderen Kindern die Grundschule besuchte. Als Mitglieder der

Sean und sein Cousin Justin, Pine Ridge, 1982

Lakota Oglala nahmen wir an Powwows, Sonnentänzen, Familientreffen, Paraden und Schulveranstaltungen teil. Alles war vom Native American Spirit durchdrungen, und auch von einem starken Familiensinn. Sprachunterricht im Fach Lakota stand genauso im Schullehrplan wie Englisch, Gesellschaftskunde und Mathe. Meine Großeltern sprachen beide fließend Lakota, und oft schauten Leute aus den umliegenden kleinen Dörfern bei ihnen vorbei, um sich stundenlang mit ihnen in dieser melodiösen Sprache zu unterhalten. Wir waren stolz auf unseren Stamm, stolz auf unsere Geschichte.

Zu jedem Geburtstag, zu Hochzeiten, zeremoniellen Namensverleihungen, am Tag, an dem das Vieh mit Brandzeichen markiert wurde, und an staatlichen wie auch an traditionellen Feiertagen fand sich unsere Großfamilie auf der Ranch zusammen. Unsere Mutter, Tanten, Großmutter und die älteren Cousinen werkelten in der winzigen Küche, wo sie eine kräftige Taniga, die traditionelle Suppe der Lakota, und die erdig schmeckende Prärierübe Timpsula zubereiteten sowie Wojape, die Beerensuppe der Lakota. Das ist mein Lieblingsessen, und jetzt, wo diese gerade in unserer indigenen Küche vor sich hin köchelt, versetzt mich der süße, warme Duft in einer Zeitreise zurück in mein unbefangenes sechsjähriges Ich.

Mit Ausnahme gelegentlicher Besuche bei anderen Familienangehörigen oder Fahrten zum einzigen Lebensmittelgeschäft in Pine Ridge verließen wir kaum je unsere Ranch. Unser Tiefkühlschrank war gut gefüllt mit Fleisch von der Ranch und mit Wild, das wir erbeutet hatten. In unseren Regalen standen aufgereiht, von der Regierung ausgegeben, Dosenmais,

Dosenkarotten, Dosenerbsen, Lachskonserven, Trockenfleisch, Salzcracker, Weißmehl und klötzeweise knallorangefarbener Industriekäse. Obwohl meine Großmutter einen kleinen Garten bewirtschaftete, war das frische Gemüse von ihr etwas Besonderes und nichts, was wir normalerweise bekamen.

⊙

Es war wohl vorherbestimmt, dass ich Koch werde, aber wissen konnte ich das noch nicht, als meine Eltern sich trennten und meine Mom mit meiner kleinen Schwester und mir nach Spearfish in South Dakota umzog, weil sie dort am College studieren wollte. In der Nähe von Spearfish gibt es einen sehr schönen Canyon, nicht weit von der Hütte, die wir bewohnten, und vom Needles Highway (der wegen der Felsnadeln aus Granit so heißt, die in den Black Hills aus der Erde aufragen). Der Canyon wird auf Lakota *Ȟe Sápa* genannt und liegt in der Nähe von Bear Butte, einem heiligen Ort für Zeremonien und Geschichten über den Ursprung der Welt, da er als das spirituelle Zentrum des Universums gilt.

Für mich war das ärmliche Spearfish mit seinen 7.000 Einwohnern und 11.000 Studenten damals eine große Stadt und ein hartes Pflaster – konservativ, immer die Bibel im Anschlag, und weiß. Als dürres Kind mit brauner Hautfarbe, dem man die Herkunft aus dem Reservat deutlich anhörte, gehörte ich zum ersten Mal in meinem Leben zur Minderheit. Wenn die Schule aus war, radelte ich rüber zur Unibibliothek, wo meine Mutter saß und lernte, und durfte dort ungestört in drei Stockwerken voller Bücher umherstreifen, eine tolle Sache. Im Reservat hatte ich Bergzinnen und Sandhügel erkundet, und hier, in der riesigen, frei zugänglichen Bibliothek, wanderte ich an den Regalreihen entlang und zog Bücher über Geschichte, Geografie, Anthropologie oder Romanbände heraus, um mich in den aufregenden Gefilden der Gedanken zu verlieren.

Meine Mom hatte als alleinerziehende Mutter, die studierte und zwei Brotjobs bewältigen musste, schlicht keine Zeit fürs Einkaufengehen und Kochen, und verließ sich daher darauf, dass meine Schwester und ich schon irgendwas Essbares auf den Tisch stellten. Und da ich wusste, was in einer Küche zu tun ist, bekam ich, kaum dass ich dreizehn war, einen Job im Sluice. Der Name stammte von den Waschrinnen in Goldminen, es war ein hektischer Schnellimbiss. Ich räumte die Tische ab, spülte Geschirr und half bei der Zubereitung der Gerichte. Im darauffolgenden Sommer arbeitete ich im Sylvan Lake Resort, wo ich der jüngste Mitarbeiter war. Ich lernte schnell und hängte mich rein und durfte dann bald schon an den Grill. Unsere Crew, alle im College-Alter, hatte irgendwann keine Lust mehr auf Steak mit Kartoffeln, und so versuchten wir uns an Abwechslungsreicherem wie Klapperschlange und Biber, was ich faszinierend fand. Damals wurde mir klar: Diese Arbeit liebe ich.

Ein anderes Mal habe ich im Sommer für die Forstbehörde gearbeitet und die in den Black Hills wachsenden Pflanzen bestimmt, ihre Geschichte und ihre Verwendung in der Küche und als Arzneimittel dokumentiert, mir in Notizbüchern Dinge dazu notiert und Zeichnungen angefertigt. Als Nachfahr der Ureinwohner ist meiner DNA ein Sinn für ihren Wert als Nahrungsmittel eincodiert – Portulak, Schafgarbe, Minze, Wilde Bergamotte, Zeder, Ahorn –, der Wert all dieser essbaren Pflanzen, von denen wir umgeben sind und die unter unseren Füßen wachsen.

⊙

Wie die meisten jungen Männer war ich mit Anfang zwanzig mehr als selbstsicher und unternehmungslustig, und so war es mein nächster Schritt, nach Minneapolis zu ziehen, der Heimat von Prince und den Replacements. Ich landete in der Uptown, die überquoll von unabhängigen kleinen Restaurants, Cafés und Musikschuppen. Das Viertel war divers und voller Leute, und ich fiel überhaupt nicht mehr auf. Ich wurde Souschef in Broder's Pasta Bar, wo ich beim Chefkoch Michael Rostance lernte, wie man eine optimal durchorganisierte, effiziente Küche führt, Brühe abschäumt oder Nudelteig ausrollt und was es über Bordeaux und Weine aus der Toskana zu wissen gibt.

Dass mir eine offizielle Ausbildung fehlte, wurde durch meine Küchenerfahrung, meinen Wissensdurst, stetiges Ausprobieren und Beharrlichkeit wettgemacht, und so stieg ich in der Restaurantwelt immer weiter auf. Mit neunundzwanzig war ich als Küchenchef für mehrere feine Speiselokale und Bio-Cafés verantwortlich. Doch musste ich für diesen frühen Erfolg einen hohen Preis bezahlen. Unter dem Gewicht des endlosen, seelentötenden Drucks, der langen, langen Arbeitstage und immer späten Nächte wurde meine Ehe langsam aufgerieben. Ich war jung, und ich war ausgebrannt. Doch ich war hoffnungsvoll und wissbegierig. Also machte ich mich auf nach Mexiko und nahm für ein Jahr eine Auszeit.

Wir landeten in dem kleinen Örtchen San Pancho, das mit offiziellem Namen San Francisco heißt und nördlich von Puerto Vallarta im Bundesstaat Nayarit liegt. Dadurch, dass es sehr entlegen und von dichtem Dschungel umgeben war, fand bis zum späten 19. Jahrhundert keine dauerhafte Kolonisation durch die Europäer statt, sodass die indigenen Ernährungstraditionen dort weitgehend erhalten geblieben sind. Man konnte überall Bananen, Kokosnüsse und Mangos pflücken, auf den Straßen rannten Hühner herum, auch Fische fangen konnte man herrlich. Jeden Tag wachte ich auf und hatte gleich den Duft von starkem Kaffee, von Chilis, die auf einem offenen Feuer rösteten, und Tortillas, die auf einem Comal gebacken wurden, in der Nase. Kinder mit löchrigen T-Shirts liefen barfuß durch die mit Steinen gepflasterten Straßen, Hähne und Hunde rannten unbeirrt in der Stadt herum, Sanitäranlagen waren in den einräumigen Wohnungen ein seltener Luxus. Aber Essen, das gab es üppig, auf traditionelle Weise hergestellt, mit Sorgfalt zubereitet.

Dort, an den schönen, offenen, touristenfreien Stränden sitzend, verfolgte ich mit Neugier, wie die Händlerinnen aus dem Ort ihre handgefertigten Waren und Schmuckstücke verkauften. Die Frauen und Kinder in ihrer traditionellen Tracht gehörten den Huichol an, und mich faszinierte, wie vertraut mir ihre Kunst und ihre Eigenheiten waren und wie sehr ihr Humor meinem eigenen ähnelte. Sie machten wunderschöne Perlarbeiten, die mich an die geometrischen Muster erinnerten, mit denen ich bei den Lakota aufgewachsen war und deren farbenfrohe und bedeutungsvolle Pflanzen- und Tierdarstellungen mit Geschichten und Legenden verknüpft waren. In einem Schwitzhaus, Temazcal genannt, vollzogen sie eine Zeremonie, die meine eigenen Kindheitserinnerungen an unsere indigenen spirituellen Bräuche wachrief. Ich tauschte mich mit den Inhabern eines Restaurants im Ort aus, das zu einem kleinen Boutique-Hotel gehörte. Ihnen war daran gelegen, auf eine ganz neue Speisekarte mit ausschließlich lokalem Fokus umzustellen, die auf den Geschmack des Ozeans und des Dschungels setzte, mit zumeist vegetarischen und einigen ortstypischen Fischgerichten.

In einem Moment der Offenbarung schmeckte ich, wie Menschen durch Essen miteinander verwoben, Familien über Generationen hinweg miteinander verbunden werden – was für eine treibende, Identität und Struktur verleihende Kraft es im Leben darstellt. Nachdem ich gesehen hatte, wie die Huichol in ihrer Kunst und ihrer Küche an so vielem aus ihrer voreuropäischen Kultur festhielten, wurde mir klar, dass ich wissen wollte, worin mein eigenes kulinarisches Erbe bestand. Was hatten meine Vorfahren gegessen, bevor die Europäer auf unserem Land auftauchten? Ich betrachtete Nordamerika im Ganzen, mit seinen ebenso weitläufigen wie vielfältigen Landschaften, durch die seit sehr alter Zeit Völker mit ihren unterschiedlichen Formen der Landbebauung gezogen waren, deren Methoden und Techniken sich mit ihnen und der Maiskultur nach Norden ausgebreitet hatten. Ich sah, welche tiefen Verbindungen mit der Natur bestanden, mit den umfassenden Ökosystemen indigener Gruppen. Ich wollte unbedingt alles über die Pflanzen und ihre Verwendungsweisen wissen. Es gab für mich von da an kein »Unkraut« mehr – diese Pflanzen waren Nahrungs- und Heilmittel. Ich fing an zu begreifen, dass auf unserer Welt alles in der Natur einen Zweck hat, fing an, Respekt für Pflanzen und Tiere, unsere Nahrungsquellen, zu entwickeln.
Als ich begann, mich eingehend mit all dem zu beschäftigen, wurde mir deutlich, wie eklatant unterrepräsentiert die Küche der Ureinwohner Amerikas in den Vereinigten Staaten heute ist. Das Mitsitam Café im National Museum of the American Indian in Washington, D. C., war das einzige Restaurant mit indigener Küche, das ich finden konnte. Nirgendwo sonst war die indigene Küche der verschiedenen Regionen ein Thema;

es gab keine Rezepte für Gerichte, in denen sich die wilden Geschmackseindrücke der jeweiligen Landschaften fanden (heimisches Wild, historische Gemüsesorten, in der Natur gesammelte Zutaten, über Holzfeuer gegart).

Ich begann alles zu lesen, was ich in die Finger kriegen konnte, und ließ mir direkt dorthin Bücher – Kochbücher, Zeitschriften, akademische Publikationen – schicken, die etwas über die amerikanische indigene Küche, Geschichte, Nahrungssuche in der Wildnis, Ethnobotanik enthielten, alles, was einem vielleicht einen erhellenden Einblick in unsere authentische Kultur gewährte. Ich wollte nun unbedingt in die Staaten zurück, um mit Stammesältesten zu sprechen und um die verschiedenen Regionen zu erkunden. Mir war völlig klar, was als Nächstes zu tun war. Vor meinem inneren Auge konnte ich sehen, wie die Stämme vor langer Zeit die Hoheit über ihr Ernährungssystem besessen und sich durch umfassendes Wissen über das Land und seine Nahrungsquellen Nahrungssicherheit verschafft hatten. Sie kultivierten Nutzpflanzen, sammelten wildwachsende Nahrung, gingen auf die Jagd und fischten – wie gute Verwalter, denen ein Gut anvertraut ist. Sie bauten auf komplexe Handelsbeziehungen, hielten feierliche Zeremonien ab, und die Erntestellen waren gemeinschaflicher Grund und Boden. Um die damit verbundene Küchentradition zu verstehen, musste ich ganz an den Anfang zurückgehen und ausschließlich mit ursprünglichen, einheimischen Zutaten arbeiten, unter Verwendung einfachster handwerklicher Hilfsmittel und Basistechniken. Ich erkannte, dass sich meine Vorfahren bei ihrer Arbeit mehr als von allem anderen vom Respekt gegenüber dem Essen, das sie genießen wollten, hatten leiten lassen. Nichts wurde verschwendet; jedes Bisschen fand Verwendung. Das ließ sie erfinderisch werden, machte sie robust und unabhängig. Vor allem waren sie eines: gesund und eigenständig.

Das meiste von dem, was heute als Essen der amerikanischen Ureinwohner gilt – Fry Bread oder Indian Tacos – ist alles andere als authentisch. Meine frühen Vorfahren haben nicht das gegessen, womit ich aufgewachsen bin oder was ich in Restaurants gekocht habe. Was ich über unsere Esskultur wusste, ging kaum über Taniga (eine Suppe aus Bison-Kutteln), Timpsula (Prärierübe), Bison und Wojape (eine Sauce aus der Virginischen Traubenkirsche) hinaus. Die Vision, die ich hatte, war im Grunde allumfassend und brachte mich dazu, mir immer mehr Wissen anzueignen, um herauszufinden, was im Einzelnen ein indigenes Ernährungssystem ausmacht und wie sich diese Erkenntnisse heute in meiner eigenen, modernen Küche nutzen lassen.

Ich zog zurück in die Staaten, ließ mich in Red Lodge, Montana, nieder und verbrachte einen Sommer auf der Lazy EL Ranch mit Kochen, Draußensein, Bücherlesen, Gartenarbeit, dem Sammeln wildwachsender

Naturerzeugnisse – und mit Planen. Meine Vision wurde 2014 Realität, als ich, wieder zurück in Minneapolis, The Sioux Chef gründete – ein Sprung ins kalte Wasser, getragen von purer Zuversicht und Überzeugung. Im August gab ich aus der Gewissheit, mich auf die indigene Küche konzentrieren zu müssen, meine finanzielle Sicherheit als Küchenchef auf. Ende September war ich so weit, dass ich Pop-up-Dinner organisierte, bei Veranstaltungen das Catering machte, Leute ausbildete und Vorträge hielt. Ich baute ein Team auf – alles begleitet von der lokalen und überregionalen Presse.

GRUNDLAGEN EINES INDIGENEN ERNÄHRUNGSMODELLS

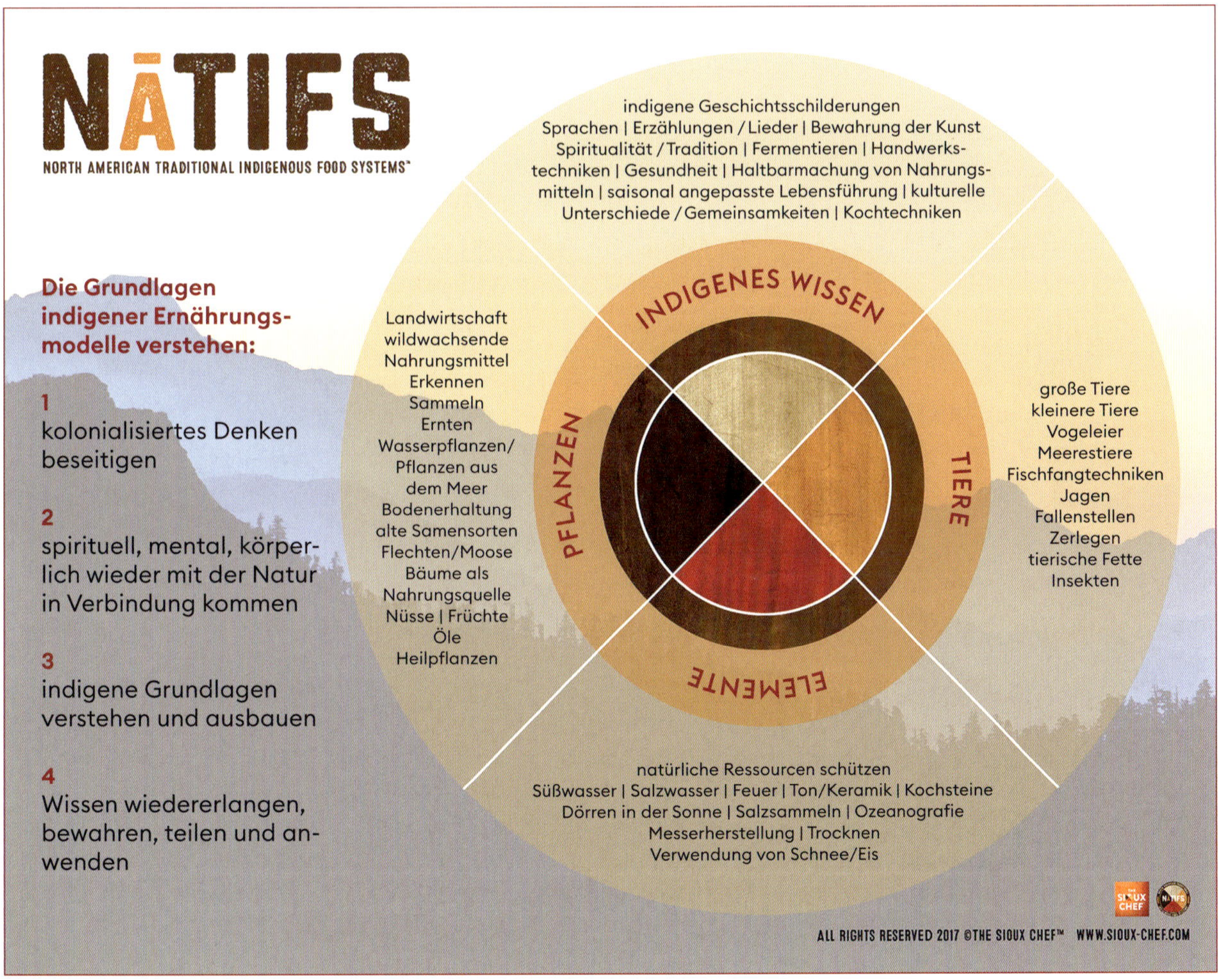

Das Leitmodell für unsere gesamte Arbeit bei The Sioux Chef

The Sioux Chef ist die von einer Mission getragene gemeinschaftliche Unternehmung eines aus indigenen Mitgliedern bestehenden Teams. Dazu gehören eine Cateringfirma, die Komplettservice anbietet, der Tatanka Food Truck, das Restaurant Owamni by The Sioux Chef und seit dem Sommer 2023 das Indigenous Food Lab als Schulungszentrum. Wir veranstalten Pop-up-Dinner: mehrgängige Menüs in Verbindung mit indigener Musik, Spoken Word Poetry und Storytelling. Meine Arbeit als Teil des Sioux-Chef-Teams besteht auch darin, Vorträge zu halten, Leute auszubilden und über indigenes Essen zu schreiben.

Unsere Erfolge auf regionaler, nationaler und internationaler Ebene beweisen, wie unentbehrlich diese Anstrengungen sind. Wir haben unsere Arbeit in Kalifornien, in Mailand und bei den Vereinten Nationen vorgestellt. Beim Terra-Madre-Treffen 2015 im indischen Shillong, einer Zusammenkunft von mehr als sechshundert Abgesandten indigener Gruppen, wurde uns klar, dass unsere Bemühungen, uns einen systematischen Überblick über unsere eigenen indigenen Ernährungsweisen zu verschaffen, weltweit von Bedeutung sind. Unsere Arbeit wird tagtäglich durch Reisen und Treffen mit Stammesältesten, indigenen Köchinnen und Köchen, Historikerinnen und Historikern, Forschenden, im Gesundheitswesen Tätigen und Menschen, die für Nahrungsmittelgerechtigkeit kämpfen, reichhaltiger und interessanter.

⊙

Wie kann es sein, dass unsere ursprüngliche indigene Kost heute nicht überall trendet und der letzte Schrei ist? Sie ist hyperlokal, ultrasaisonal, megagesund: ohne industriell verarbeitete Lebensmittel, ohne Zucker, ohne Weizen (oder Gluten), ohne Milchprodukte oder tierische Produkte mit hohem Cholesterinwert. Sie ist von Natur aus niedrigglykämisch, eiweißreich, salzarm, vorwiegend pflanzlich, mit vielen Körnern, Saaten und Nüssen. Vor allem aber ist sie mehr als köstlich. Sie bietet das, was so viele Diäten liefern wollen, durch mangelnde Sinngebundenheit aber doch vermissen lassen. Es ist eine Ernährungsweise, die uns alle so unmittelbar und profund wie möglich mit der Natur und miteinander verbindet.

Mit diesem Buch wollen wir unsere Freude am indigenen Kochen mit Ihnen teilen. Es offenbart, wie erfüllend es ist, Zutaten direkt draußen vor der Küchentür zu finden. In einer Welt, in der alles über die Maßen komplex geworden ist und man von allerlei Geräten, Gadgets und kniffeligen Verfahren umgeben und abhängig ist, kehren wir zu einfachen Zubereitungen zurück, mit denen wir aber die charakteristischen, frischen Geschmacksnoten unserer lokalen Nahrungsmittel zur Geltung bringen. Diese Rezepte, inspiriert von jahrhundertelang und über viele Generationen tradierten Methoden, sind ein wesentlicher Bestandteil unserer

Kultur – und wie es bei allen guten Rezepten der Fall ist, variieren sie von Koch zu Koch. Sie sind als Leitfaden gedacht, nicht als festgeschriebene Vorschrift, wie man es zu machen hat.

Wir haben die Kapitel danach arrangiert, wo die Zutaten herstammen, unter Beachtung des üblichen Ablaufs der meisten Mahlzeiten. Den Beginn machen wir mit leichterer Kost: Salaten, Gemüsegerichten, Suppen, kleinen Happen, die man als Appetizer oder Vorspeise servieren, aber auch zu einer vollen Mahlzeit zusammenstellen kann. Das nächste Kapitel präsentiert deftige Hauptgerichte mit Fisch oder Wild sowie Eintöpfe und Schmorgerichte. Es folgen Geschichte und Rezepte von Snacks, Süßigkeiten und erfrischenden Tees, die man zwischen oder nach diesen Mahlzeiten genießen kann.

Das Kapitel »Die indigene Vorratskammer« gibt Anleitungen für die Beschaffung unserer Hauptzutaten. Viele davon haben Sie möglicherweise bereits im Regal oder können Sie problemlos in Läden, bei Genossenschaften oder Kooperativen und auf Bauernmärkten kaufen.
Wir hoffen, dass Sie darüber hinaus auch Versuche mit weniger gängigen wilden Aromen wie etwa von Tamarack-Lärche oder den Trieben anderer junger Nadelbäume, Wacholder und Hagebutte wagen möchten, um Ihre Möglichkeiten zu erweitern.

Wir sind nicht die Einzigen, die sich dieser Aufgabe verschrieben haben. Unsere Kolleginnen und Kollegen aus anderen Regionen der USA waren so großzügig, ihre Kenntnisse, ihr Wissen und ihre Rezepte mit uns zu teilen. Wir arbeiten oft mit diesen Köchinnen und Köchen zusammen, auch um indigene Menüs zu kreieren, die eine Vielfalt von nativen kulinarischen Geschmackserlebnissen darbieten.

Das letzte Kapitel unseres Buches, »Mondfeiern«, veranschaulicht unser Eingebundensein in die Zyklen der Natur und gibt einen Einblick in unsere Zeremonien und Traditionen. Hierbei schaffen wir einen ruhigen, heiligen Ort, um die Gaben von Mutter Erde zu feiern, Dank zu sagen für die uns unverdient dargebrachte Fülle, und um Freundschaft und Gemeinschaft in Ehren zu halten. In diesem Kapitel sehen Sie auch, wie wir unsere Feste organisieren.

Die folgenden Rezepte geben wir, wie auch das, was wir über Werte und Widerstandsfähigkeit erzählen können, hoffnungsfroh und voller Freude hier weiter. *Pilamaye* und *Miigwech* (»Danke schön!« auf Lakota und auf Ojibwe). Also los – wollen wir mal reinhauen!

ZUR BENUTZUNG DIESES KOCHBUCHS

Ich habe das Kochen nicht mit Rezepten gelernt und habe hier ganz bewusst geschrieben, dass die Rezepte in diesem Buch offen sind für Ihre eigene Interpretation. Bitte probieren Sie aus, was Ihnen schmeckt; vertrauen Sie auf sich selbst und ersetzen Sie Zutaten, je nachdem, was gerade Saison hat und in der Nähe Ihrer Küche so wächst.

Was darf ich sammeln und essen?

Jede Pflanze hat eine Wirkung auf den menschlichen Organismus, und diese kann unterschiedlich ausgeprägt sein. Dieselbe Pflanze kann heilsam oder giftig wirken, je nachdem, welche Pflanzenteile man verwendet, wann sie geerntet werden und wie man sie dosiert und zubereitet. Wenn Sie eine Krankheit oder Allergien haben, schwanger sind oder stillen, informieren Sie sich, ob bestimmte Pflanzen Ihnen schaden können. Wenden Sie sich bei auftauchenden Beschwerden immer an einen Arzt oder eine Ärztin. Sammeln (und essen!) Sie nur, was Sie zweifelsfrei erkennen können. Zu einigen Zutaten finden Sie Informationen und Hinweise hier im Buch. Informieren Sie sich vor dem Sammeln über mögliche Verwechslungsgefahren und beachten Sie, dass auch eng verwandte Unterarten einer Pflanze sich hinsichtlich ihrer Wirkung (und Giftigkeit!) stark unterscheiden können. Sammeln Sie achtsam und maßvoll, um den Bestand an der Sammelstelle nicht zu gefährden, und nur an Orten, an denen dies erlaubt ist. So schützen Sie die Natur und Ihre Gesundheit.

Unkomplizierte Techniken und einfaches Küchenwerkzeug

Hier gibt es keine komplizierten Techniken oder schwer umsetzbare, diffizile Vorgehensweisen. Sie brauchen kein besonderes Werkzeug oder Kochgerät. Was Sie benötigen, haben Sie größtenteils wahrscheinlich schon bei sich zu Hause:

- eine schwere Bratpfanne (am besten aus Gusseisen)
- eine Grillpfanne (alternativ: eine Grillplatte)
- ein großes Küchenmesser (26 cm lang)
- Schneidebretter
- einen großen Koch- oder Suppentopf
- einen Dörrautomaten (nicht unbedingt nötig, aber praktisch)
- einen Pürierstab oder eine Küchenmaschine
- Mörser und Stößel
- einen Smoker oder Räucherofen
- einen tönernen Comal oder Kochstein

Unsere modernen Kücheneinrichtungen haben sich aus uralten Methoden entwickelt, ob wir nun auf einem Herd oder am Grill etwas zubereiten statt über dem offenen Feuer, den Ofen anstelle des Windes oder der Sonne zum Dörren verwenden und uns auf elektrische Kaffeemühlen, Küchenmaschinen oder Mixer verlassen, um das zu erreichen, wozu man einst Mahlsteine, Mörser und Stößel oder altertümliche Mühlen gebraucht hat.

Mengenangaben und Temperaturen

Die in den USA gängigen Maße und Temperaturen wurden für das vorliegende Kochbuch in die im deutschsprachigen Raum verwendeten Werte umgerechnet und gegebenenfalls leicht angepasst.

Ofentemperaturen sind für die Funktion ohne Umluft angegeben. Falls Sie einen Gasherd benutzen, gilt:

110°C = Gas Stufe ¼	160°C = Gas Stufe 3	220°C = Gas Stufe 7
120°C = Gas Stufe ½	180°C = Gas Stufe 4	230°C = Gas Stufe 8
140°C = Gas Stufe 1	190°C = Gas Stufe 5	245°C = Gas Stufe 9
150°C = Gas Stufe 2	200°C = Gas Stufe 6	260°C = Gas Stufe 10

Die Essentials

Es ist uns wichtig, uns auf die authentischen indigenen Nahrungsmittel unserer im nördlichen Mittleren Westen gelegenen Region zurückzubesinnen, doch ist es mitunter schwer zu sagen, wo man die Grenze ziehen soll. Sehr viele Zutaten, die vor einigen Jahrhunderten ins Land eingeführt wurden, sind längst vollkommen in unserer heimischen Flora aufgegangen und wachsen nun wild hier: Löwenzahn, Portulak oder Disteln, um nur ein paar davon zu nennen. Als ich damals mit dem Jagen anfing, war der Anblick von Fasanen, die über die Prärie flogen, ganz normal, und jeder hatte sie bei sich zu Hause im Gefrierschrank liegen. Wir sind keine Puristen, versuchen aber bei der Beschaffung unserer Zutaten unser Augenmerk auf deren Authentizität und Nachhaltigkeit zu legen.

Dies ist ein Verzeichnis unserer wichtigsten Zutaten:

Ahornessig: Ahornessig wird durch Fermentierung aus dem letzten Ahornsaft der Saison gewonnen. Da dieser nur wenig Zucker enthält, ist er dünnflüssiger und lässt sich schwerer zu Sirup einkochen. Wenn man ihn einfach stehen lässt, wird daraus das, was die Native Americans *sour sap* (»saurer Saft«) oder Ahornessig *(maple vinegar)* nennen. Er enthält weniger Säure als die meisten anderen Essigsorten und lässt sich toll zu Salatdressings verarbeiten oder als Würze in Saucen, Suppen, Stews und Pfannengerichten verwenden – für alles, was noch ein bisschen aufgepeppt werden soll. Ist in Feinkostläden oder bei Onlinehändlern erhältlich. ***Ersatzweise können Sie milden Apfelessig verwenden, den Sie nach Gusto mit etwas Ahornsirup vermischen können.***

Ahornzucker: Ein wenig Süße fügt den erdigen Nadelholzaromen, die in dieser Küche so wichtig sind, eine angenehme Note hinzu. Reiner Ahornzucker ist zunehmend im Lebensmittelhandel und auf Bauernmärkten zu finden. ***Als Alternative bietet sich heller brauner Zucker an.***

Eier: In unseren Rezepten verwenden wir Enten- und Wachteleier. Sie haben einen intensiveren Geschmack, weil bei ihnen der Anteil von Eigelb im Verhältnis zum Eiweiß größer ist. Sie sind aber oft schwer zu beschaffen. ***Sie können ein Entenei durch ein extragroßes (XXL-)Hühnerei bzw. vier bis fünf Wachteleier durch ein großes (L-)Hühnerei ersetzen.***

Honig: Nur wenig weist darauf hin, dass die Ureinwohner Honig benutzt haben. Honig ist aber etwas so Köstliches und eine wunderbare Alternative zu raffiniertem Zucker. Auch brauchen wir Bienen in der Landschaft, weil sie durch die Befruchtung einheimischer Pflanzen wesentlich an deren Fortbestehen beteiligt sind.

Maisgrieß und Maismehl: Mais ist ein glutenfreies Getreide. In der indigenen Küche wird er häufig in gemahlener Form verarbeitet, entweder als fein gemahlenes Maismehl – das aber weniger fein als Maisstärke und gröber als Weizenmehl ist – oder als Maisgrieß. Maisgrieß ist in Europa auch als Polenta bekannt.
Maiskörner, die zur besseren Verwertbarkeit dem schon seit Jahrtausenden bekannten Prozess der Nixtamalisation unterzogen wurden, nennt man Hominy (im mexikanischen Feinkosthandel erhältlich). Aus Hominy lässt sich Maisschrot *(grits)* mahlen oder aber eine feine, feuchte Mehlpaste, *masa* genannt (getrocknet dann Masa-Mehl). Mehr zu den Varianten des Mais und zur Nixtamalisation auf Seite 83 ff.

Öle und Fette: Wir verwenden im Allgemeinen Sonnenblumenöl fürs Kochen. Wenn wir markantere Geschmacksnoten wünschen, etwa bei Saucen und Salatdressings, greifen wir auf Haselnuss-, Walnuss- und

Kürbiskernöl zurück. Enten- und Gänseschmalz ist eine köstliche Grundlage fürs Braten und Schmoren (Seite 137).

Räuchersalz: Mit Räuchersalz können Sie einer Reihe von Gerichten eine feine Rauchnote verleihen. Sie finden es in den Gewürzregalen der meisten Lebensmittelgeschäfte und Feinkostläden. Wie es sich selbst herstellen lässt, steht auf Seite 45.

Salbei: In South Dakota, wo ich aufgewachsen bin, wuchs viel wilder Wüstensalbei *(Artemisia cana)* und Weißer Salbei *(Salvia apiana)*, auch Räuchersalbei genannt. Sie werden als Heilmittel, als Gewürzpflanzen und als Räucherwerk bei Zeremonien verwendet. ***Für unsere Rezepte können Sie auch den üblichen Gartensalbei (Salvia officinalis) verwenden, der vom Geschmack her sehr ähnlich ist.***

Salz: Indigene Völker haben Salz gewonnen und es sowohl als Handelsgut genutzt als auch ihr Essen damit gewürzt. In unserer Region folgten sie den Tieren zu Mineralsalzvorkommen, die sich in der Nähe von Wasserläufen befanden. Mehrere Gräser, die auf Marschland heimisch sind, nehmen Salz aus dem Boden auf, sodass ihre Blätter einen »salzigen« Geschmack haben. Sie wurden gepflückt, um sie Speisen hinzuzufügen. Bitte verwenden Sie für unsere Rezepte immer grobes Salz. ***Meersalz eignet sich am besten.***

Sumach: Die zitronigen Aromen des Hirschkolbensumachs (oder Essigbaums) verfeinern Gemüse und Schmorfleisch in jeder Form. Hirschkolbensumach (*Rhus typhina,* auch *Rhus hirta*) unterscheidet sich deutlich vom Giftsumach und ist leicht zu erkennen: Die Früchte des Hirschkolbensumachs sind von einem schönen hellen Orange oder Rot, während die Früchte giftiger Sumachsorten weiß oder grün sind. (Beachten Sie beim Selbstpflücken jedoch, dass nur die Blüten und Früchte ungiftig sind.) Wildwachsenden Hirschkolbensumach findet man oft am Straßenrand und in Hinterhöfen. Das Gewürz Sumach finden Sie in vielen Supermärkten, Bio- und Feinkostgeschäften im Gewürzregal. Wie Sie selbst welchen ernten können, finden Sie auf Seite 45. ***Lässt sich durch Zitronensaft ersetzen.***

Wacholder: Wir nutzen die pfeffrigen, adstringierenden Eigenschaften des Wacholders, um in unseren Gerichten eine ähnliche Wirkung wie Pfeffer zu erzielen. Wacholder haben viele hinter dem Haus stehen, oft sind die Bäume oder Sträucher auch am Rand von Sportplätzen und in Parks zu finden. Frisch oder getrocknet zerdrückt man seine »Beeren« (eigentlich Zapfen) am besten, bevor man ihn dem Essen zufügt. Beachten Sie, dass es sich um einen recht dominanten Geschmack handelt und dass nur die »Beeren« essbar sind. ***Lässt sich durch Pfeffer ersetzen.***

Zeder: Die Zeder ist ein heiliger Baum, der – wie Süßgras und Tabak – Bestandteil vieler indigener Zeremonien ist. Man verwendet sie für die spirituelle Reinigung von Räumen, für das Schwitzhüttenritual und als Medizin. Darüber hinaus werden in der indigenen Küche Zedernzweige in kleinen Mengen zur Aromatisierung verwendet.
Von den unterschiedlichen Baumarten Nordamerikas, die »Zeder« *(cedar)* genannt werden, verwenden wir ausschließlich die Western Redcedar in unseren Rezepten. Sie gehört genau genommen nicht zu den Zedergewächsen, sondern zu den Zypressen und ist auch als Riesenlebensbaum oder Riesenthuja *(Thuja plicata)* bekannt. Generell ist zu beachten, dass die überwiegende Zahl der Thuja- wie auch der Zedernarten als sehr giftig gelten, sodass hier äußerste Vorsicht angesagt ist, zumal die verschiedenen Unterarten schwer zu unterscheiden sind. ***Um den Geschmack des Waldes in die Speisen zu bringen, können Sie auf Ihre regionalen Nadelhölzer zurückgreifen – vor allem die zarten Spitzen von Tanne, Douglasie, Fichte, Kiefer oder Lärche, die diese Nadelbäume von April bis Mai austreiben, eignen sich hervorragend für die Küche.***

Zwiebeln: In unseren Rezepten verwenden wir die Wilde Zwiebel *(Allium canadense)*, ein nordamerikanisches Lauchgewächs. ***Sie können sie in der Regel durch Schalotten oder Frühlingszwiebeln ersetzen.***

Verschiedene Regionen – gemeinsame Werte

Bei meinen Reisen in der ganzen Welt habe ich feststellen können, dass sich die Denkart und das Vorgehen der Indigenen in allen Regionen erstaunlich ähnelt. In diesem Buch stehen die Territorien Minnesota und Dakota im Mittelpunkt – der angestammte Lebensraum der Dakota, Lakota, Ojibwe (Chippewa, Anishinaabe), Mandan, Hidatsa, Arikara und Ho-Chunk – und die verwendeten Zutaten sind typisch für diese Region. Nach meiner Erfahrung lassen sich die in diesem Buch beschriebenen Zubereitungsmethoden aber auch unabhängig von den jeweiligen Zutaten anwenden. Dieser Grundgedanke drückt sich in den Geschichten und Rezepten der anderen indigenen Köchinnen und Köche aus, die großzügigerweise zu dieser Sammlung etwas beigetragen haben.

(KEIN) FRY BREAD

Oft werde ich gefragt, warum wir kein Fry Bread (»Frittiertes Brot«) auf der Speisekarte haben oder in diesem Buch kein Rezept dafür enthalten ist. Fry Bread ist ein simples Nahrungsmittel, aber auch ein problematisches Symbol, das, von Generation zu Generation weitergegeben, die heutige Zeit mit unserer schmerzhaften Geschichte verbindet. Entstanden ist es vor fast 150 Jahren, als die US-Regierung unsere Vorfahren gewaltsam aus den ihnen angestammten Lebensräumen, wo sie ihre Felder hatten, Nahrung sammelten, jagten und Fische fingen, verdrängten. Entwurzelt und in Reservate umgesiedelt, war ihnen die Kontrolle darüber, wie sie sich ernähren wollten, genommen, und sie waren gezwungen, Erzeugnisse in Anspruch zu nehmen, mit denen sie von der Regierung versorgt wurden: Dosenfleisch, Weißmehl und Schweineschmalz – alles Nahrungsmittel mit schlechtem Nährwert. Auch Nahrungsmittelkontrolle ist ein Mittel, wie sich Macht ausüben lässt.

Fry Bread steht für Durchhaltewillen und Schmerz, Erfindungsgabe und Widerstandskraft. »Fry Bread erzählt die Geschichte unseres Überlebens«, hat Sherman Alexie geschrieben. Und doch trägt es auch zu den hohen Diabetes- und Adipositas-Zahlen bei, von denen beinahe die Hälfte der in Reservaten lebenden indigenen Bevölkerung betroffen ist. Ein durchschnittliches Exemplar dieses frittierten Weißmehlteiges (vom Umfang des etwa 20 Zentimeter großen Papptellers, auf dem es üblicherweise serviert wird) bringt es auf 700 Kalorien und enthält 25 Gramm Fett. Wenn man darauf noch, wie beim Indian Taco üblich, Industriekäse und Schmalzfleisch häuft, ist das ein sicheres Rezept für chronische Krankheiten und Schmerzen. »Fry Bread hat mehr Indianer umgebracht als die Landesregierung«, singt der Rockstar Keith Secola. Und so ist es: Fettleibigkeit und kaputte Zähne hat es bei der indigenen Bevölkerung Nordamerikas nicht gegeben, bevor die kolonialen Zutaten eingeführt wurden.

Da wollen wir diese Geschichte doch lieber auf den neuesten Stand bringen, mit echten Maiskuchen, die wir mit Bison oder geräucherter Ente belegen, authentischem Essen der Ureinwohner. Dann schmeckt es wirklich nach der Zeit, als wir, als Volk, gesund und stark waren, und nach dem verheißungsvollen Versprechen, dass wir den Nahrungsmitteln, die unsere Gesundheit ruiniert haben, und den Einflüssen, die von unserer Kultur nichts wissen wollten, etwas entgegensetzen können. Dazu noch sind unsere Maiskuchen leichter herzustellen und geschmacklich viel besser als jedes Fry Bread.

DIE INDIGENE VORRATSKAMMER

Als ich damit anfing, über indigene Nahrungsmittel zu recherchieren, hat mich gleich die Idee des verborgenen Nahrungsmittellagers fasziniert. Ich hatte in einer alten Lakota-Legende von einem Eremiten gelesen, der in den Wäldern im Osten lebte und ein Geschwisterpaar lehrte, ihr Saatgut und ihre Ernten zu vergraben, damit sie geschützt waren. Solche Legenden, Märchen und Erzählungen erlauben uns Einblicke in die Kulturen sehr alter Völker. Sie sind sehr bedeutsam. Als ich Buffalo Bird Womans ausführliche Beschreibungen einer indigenen Vorratskammer entdeckte, war ich mehr als aufgeregt. Mir war klar, dass all die getrockneten Produkte, die Öle, Salze und Gewürze, die irgendwo vergraben oder für die langen Winter vorrätig gehalten wurden, die eigentliche Grundlage dafür waren, wie indigenes Essen schmeckte. Und nun hatte ich das perfekte Beispiel für die Auswahl der wesentlichen Nahrungsmittel, die die Leute das ganze Jahr über verwendeten. Ich kann diese Vorratskammern der Ahnen vor meinem inneren Auge sehen – bis obenhin voll mit verschiedenen Sorten getrocknetem Mais und Maisgrieß, getrockneten Kürbisscheiben, diversen Gemüsemehlarten, einer ganzen Apotheke aus Kräutern und Gewürzen, kulinarischer Asche, Salzen und Wurzeln.

Gemäß dem Konzept unseres Restaurants Owamni versuchen wir, die indigene Küche für die heutige Zeit wiederaufleben zu lassen, in einer modernen Version, die bestens bestückt ist mit all diesen lagerfähigen Früchten, Gemüsearten, Fischen, Fleischsorten und Gewürzen. Wir sind ohne Unterlass mit dem Sammeln, Dörren, Mahlen und Einlagern der natürlichen und geschmackreichen Zutaten, die uns umgeben, beschäftigt – Wilde Bergamotte, Duftnessel, von Bäumen produzierte Würzmittel, Früchte, Rinden, Samen. Da uns moderne Hilfsmittel zur Verfügung stehen, frieren wir frisch gesammelte Beeren ein, sodass wir sie in ihrer ureigensten Form genießen können: ohne viel Salz oder Zucker, wie es das Einlegen oder Einwecken mit sich bringt.

Das Dörren von Fleisch, Obst und Gemüse macht sie nicht nur länger haltbar, sondern konzentriert und intensiviert ihren Geschmack, den man dann in Suppen, Eintöpfe, Schmorgerichte und Saucen aufnehmen kann. Wir räuchern und dörren Fleisch, um seinen Geschmack zu verstärken, wie auch andere Nahrungsmittel mit Rauch und Asche behandelt werden. Weil die Natur ihre Gaben nicht in immer gleicher Qualität produziert, betonen wir die natürlichen Qualitäten der Zutaten, mit denen wir arbeiten, mit den Gewürzen, die uns zur Verfügung stehen.

Ist die Vorratskammer erst einmal gut sortiert und gefüllt, kommt das Improvisieren beim Kochen und das Zusammenstellen ganz eigener Variationen wie von allein. Will man eine indigene Küche für die moderne Welt schaffen, dann gilt es, den Nahrungsmittelkreislauf bewusst zu achten und die Verantwortung ernst zu nehmen, uns selbst, uns gegenseitig und unsere Mutter Erde zu nähren und zu erhalten.

MEHLSORTEN IN DER INDIGENEN KÜCHE

Ağúyapi Blú Ikčéka

Neben dem Mais lässt sich praktisch jedes Gemüse, Obst, jeder Samen und jedes Korn zu Mehl verarbeiten. Gemüse und Obst muss zuvor die Flüssigkeit entzogen werden, Samen, Körner und Nüsse röstet man kurz.

WILDREIS-MEHL

Psíŋ Blú

Dieses Mehl eignet sich bestens, um Fisch damit zu bestäuben, bevor er gebraten wird, oder auch, um damit Maiskuchen zu backen. Rühren Sie es in Saucen und Suppen ein, um sie damit anzudicken. In einem verschlossenen Behältnis hält es sich ewig.

Mehr zu Wildreis, Seite 115 / 116

Herstellen können Sie dieses Mehl, indem Sie den Wildreis durch eine Getreidemühle drehen oder ihn in einer Küchenmaschine fein mahlen. Je länger Sie den Reis mahlen, umso feiner wird das Mehl.

GEMAHLENE HASELNÜSSE

Úma Blú

Haselnüsse schmecken herrlich nussig, enthalten ein hervorragendes Öl und lassen sich zu einem wunderbaren Mehl mahlen. Schütten Sie die geknackten Nüsse ohne die Schale nebeneinander auf ein Backblech und rösten Sie sie für ungefähr 3 bis 5 Minuten bei 175 Grad im Ofen, bis sie geröstet riechen. Wickeln Sie die Nüsse danach in ein sauberes Küchentuch und rollen Sie sie darin hin und her, damit sich die Häute ablösen. Zermahlen Sie sie dann in einer Küchenmaschine oder in einem Mixer, einer Kaffeemühle oder einer Gewürzmühle. Bewahren Sie die gemahlenen Haselnüsse in einem verschlossenen Behältnis im Kühlschrank auf oder frieren Sie sie ein.

verschiedene Mehlsorten

GEMÜSE-MEHL

Wathótho Blú

Aus Kürbis lässt sich – wie auch aus vielen anderen Gemüsen mit relativ trockenem Fleisch – exzellent Mehl herstellen. Mehl aus Gemüse steckt voller Vitamine und Nährstoffe, ist glutenfrei und verleiht Suppen, Eintöpfen, Schmorgerichten und Backwaren einen vollmundigen Geschmack. Es ist nicht nötig, den Kürbis zu schälen oder die Kerne zu entfernen. Der Kürbis wird im Ganzen vollkommen verdorren und kann dann zu einem wunderbaren Mehl zermahlen werden.

Wissenswert:
Heben Sie einige der gedörrten Gemüsescheiben auf, um später damit Suppen, Eintöpfe, Schmorgerichte und Salat zu garnieren.

Es gibt viele Leute, die Alternativen zu Getreidemehl suchen. Mehl aus Gemüse stellt eine wohlschmeckende, nahrhafte Alternative zu Getreide und zu Mais dar.

1. Schneiden Sie das Gemüse in 1,5 cm dicke Scheiben.
2. Legen Sie die Scheiben auf die Gitter eines Dörrautomaten oder auf Grillroste, die Sie auf ein Backblech stellen. Backen Sie die Gemüsescheiben, bis sie durch und durch trocken sind.
3. Mahlen Sie das Gemüse in einer Getreidemühle oder in einer Küchenmaschine. Bewahren Sie es in einem luftdicht verschlossenen Gefäß auf.

Nach derselben Methode können Sie z. B. die folgenden Mehle herstellen:

- Kürbis-Mehl
- Artischocken-Mehl
- Timpsula- oder Rüben-Mehl

Mit Honig getrockneter Kürbis (Variante): Tunken Sie den in Scheiben geschnittenen Kürbis in eine Mixtur aus 1 Teil Honig und 2 Teilen Wasser, bevor Sie ihn aufs Dörrgitter legen.

KASTANIENMEHL

Úma lyéčheča Blú

Um selbst Kastanienmehl herzustellen, hacken Sie geschälte Kastanien (Seite 181) in kleine Stückchen. Trocknen Sie diese in einem Dörrautomaten oder bei niedriger Temperatur im Ofen, bis sie steinhart sind. Schütten Sie sie dann in eine Getreidemühle, eine Küchenmaschine oder Kaffeemühle und mahlen Sie sie zu einem feinen Mehl. Bewahren Sie das Mehl im Gefrierschrank auf.

EICHELSCHROT-MEHL

Úta Blú

Eicheln schmecken wie eine Mischung aus Haselnüssen und Sonnenblumenkernen. Es gibt sie im Überfluss, sie lassen sich problemlos lagern, enthalten viel Protein und sind sehr nahrhaft. Für Native Americans spielen sie fast so eine große Rolle wie Mais, Kürbis und Bohnen.

Für die Cherokee, die Apachen, die Pima, die Ojibwe und die meiste andere in Gebieten mit Eichenbewuchs heimische indigene Bevölkerung gehörte es immer schon dazu, die Früchte dieser Bäume zu ernten und zu verwenden.

Da Eicheln sehr viel Tannin enthalten (die trocken schmeckende Substanz im Rotwein), muss man sie unbedingt wässern, bevor man sie verwerten kann. Das Mehl hält sich ewig, wenn Sie es in einem gut verschließbaren Gefäß an einem kühlen, trockenen Ort aufbewahren.

Als Erstes sammeln Sie die Eicheln auf und untersuchen jede einzelne ganz genau. Werfen Sie alle, die einen Riss haben, modrig oder wurmstichig sind, fort. Zu Beginn der Erntezeit lässt sich die Schale der Eicheln leicht einschneiden; später brauchen Sie eventuell einen Nussknacker, um die Schale zu entfernen.

Legen Sie die Eicheln in einen großen Topf und bedecken Sie sie 5 bis 7,5 cm hoch mit Wasser. Stellen Sie sie auf den Herd, bringen Sie das Wasser bei hoher Temperatur zum Kochen, und kochen Sie die Eicheln, bis das Wasser braun wird. Gießen Sie das Wasser ab und wiederholen Sie den Prozess so lange, bis das Wasser klar bleibt (nach meist 3 bis 5 Durchgängen). Gießen Sie dann die Eicheln zum letzten Mal ab und tupfen Sie sie trocken.

Heizen Sie den Ofen auf 120 Grad vor. Legen Sie die Eicheln nebeneinander auf ein Backblech und stellen Sie sie für 1 ½ bis 2 Stunden in den Ofen, bis sie fest, trocken und geröstet sind. Holen Sie sie heraus und lassen Sie sie abkühlen.

Um nun Mehl aus den Eicheln zu machen, schütten Sie die Eicheln in eine Küchenmaschine mit einem Mixmesser aus Stahl und zerhäckseln sie, bis sie die Konsistenz von Grieß haben.

BRÜHEN UND FONDS IN DER INDIGENEN KÜCHE

Wahánpi Ikčéka kin

Aus praktisch jeder Zutat der indigenen Küche, die in den Rezepten vorkommt, kann auch eine Brühe gekocht werden – beginnend beim Wildreis, über Mais und Pilze, bis hin zu Wurzelgemüse.

WILDREIS-BRÜHE

Psín Hanpí

Schütten Sie das Kochwasser von Wildreis nicht weg. Es eignet sich exzellent als Grundlage für Suppen, Eintöpfe, Schmorgerichte und Saucen. Wildreis-Brühe ist außerdem die Ausgangsbasis für Wildreis-Sorbet (Seite 189).

MAIS-BRÜHE

Wagmíza Hanpí

Wenn Sie gekochten oder gerösteten Mais am Kolben zu essen hatten oder für ein Gericht die Körner vom Kolben geschnitten haben, heben Sie die Kolben auf. Legen Sie sie in einen Topf und bedecken Sie sie etwa 2,5 cm hoch mit Wasser. Bringen Sie das Wasser zum Kochen, bedecken Sie den Topf dabei halb mit dem Deckel. Reduzieren Sie die Hitze, wenn das Wasser kocht, und lassen Sie es etwa 1 Stunde lang leise köcheln, bis die Brühe nach Mais schmeckt. Entfernen Sie dann die Maiskolben. Bewahren Sie die Brühe in einem abgedeckten Gefäß im Kühl- oder im Gefrierschrank auf.

BOHNEN-BRÜHE MIT ZEDER

Wichtiger Hinweis zur Zeder, Seite 24

Ȟanté Apé ún Omníča Lolóbyapi Hanpí

Heben Sie das bei der Zubereitung von mit Zeder geschmorten Bohnen (Seite 72) übrig bleibende Kochwasser auf, um es in Suppen, Eintöpfen, Schmorgerichten und Saucen zu verwenden.

Brühe wird in der indigenen Küche aus ganz verschiedenen Zutaten gekocht

FISCH-, WILD- UND FLEISCHFOND

Tȟaló Haŋpí

Wir machen aus fast allem aus der Speisekammer einen Fond, auch aus Gemüse (nur nicht aus grünem Blattgemüse) und aus Knochen (selbst aus den Gräten von geräuchertem Fisch). Die wichtigsten Gewürze:

Wichtiger Hinweis zur Zeder, Seite 24

- Wacholder
- Salbei
- Zeder oder junge Nadelbaumtriebe
- Minze

Der Geschmack von Wacholder und Nadelbaumzweigen schlägt stark durch, Sie sollten die beiden daher nur ganz vorsichtig einsetzen. Nachwürzen können Sie später immer noch. Fügen Sie dann so viel Wasser hinzu, dass die Zutaten vollständig damit bedeckt sind, und erhitzen Sie alles auf niedriger Flamme, bis die Brühe Aroma angenommen hat. Die Kochzeit hängt davon ab, wie viel Wasser Sie verwenden und was sonst im Topf ist, aber die meisten Fonds müssen mindestens 2 bis 3 Stunden kochen.

SUNNY BUTTER (SONNENBLUMENBUTTER)

Wahčázi Tȟáŋka Sú Iglí
ergibt ungefähr 3 Gläser à 300 g

Wissenswert:
Im selben Verhältnis von Zutaten lassen sich auch Walnuss-, Haselnuss- und andere Buttersorten herstellen.

Mehr zu Sonnenblumen, Seite 186

Wir verwenden diese köstliche Streichcreme in unseren Keksen und in unserem Müsli sowie als Grundlage für mehrere Aufstriche. Bewahren Sie sie in einem geschlossenen Behälter auf, im Kühlschrank ist sie so ungefähr einen Monat lang haltbar.

540 g ungesalzene geröstete Sonnenblumenkerne (Seite 200)
2 TL Räuchersalz (Seite 45) oder grobes Salz (nach Belieben)
Etwa 680 g Honig oder etwa 640 g Ahornsirup

Arbeiten Sie portionsweise. Füllen Sie zunächst nur ein Viertel der Sonnenblumenkerne (135 g) in eine Küchenmaschine und mahlen Sie sie. Fügen Sie ½ TL Salz und nach und nach etwa 170 g vom Honig (oder 160 g vom Ahornsirup) hinzu und mixen Sie es so lange, bis sich eine Kugel bildet. Achten Sie, falls Sie fließenden Honig oder Ahornsirup verwenden, darauf, dass die Butter nicht zu flüssig wird. Nehmen Sie sie heraus und gehen Sie mit dem Rest der Zutaten ebenso vor.

WOJAPE

Wóžapi
ergibt ungefähr 4–6 Tassen

Wissenswert:
Für unsere Rezepte wird oft 1/4 Tasse Wojape gebraucht – das entspricht etwa 65 Gramm.

Wissenswert:
Beachten Sie, dass außer dem Fruchtfleisch alle Pflanzenteile der Traubenkirsche giftig sind, auch die Kerne. Entfernen Sie diese vor dem Verzehr aus den Früchten.

Der Duft, den diese traditionelle Sauce beim Köcheln auf dem Herd verströmt, versetzt mich zurück ins unbekümmerte Alter von sechs Jahren. Die Traubenkirschen, die ich als Kind in unserer Gegend sammelte, waren in unserer Familie fest eingeplant. Wir legten eine Decke unter den Bäumen aus und sammelten sie gleich eimerweise ein. Man muss sie nicht entsteinen, weil die Steine von alleine auf den Boden des Topfes sinken, wenn der Saft austritt und die Sauce langsam eindickt. Wenn wir die Sauce für Desserts verwenden wollten, wurde sie gesüßt, man kann sie aber auch als herb-würzige Sauce für Fleisch, insbesondere Wild, und Gemüse sowie als Dressing verwenden.

6 Tassen frische Beeren – Traubenkirschen oder eine Mischung aus Blaubeeren, Himbeeren, Erdbeeren, Holunderbeeren, Cranberrys und Brombeeren (etwa 600 bis 900 g)
1 bis 1½ Tassen Wasser (230 bis 350 ml)
Honig oder Ahornsirup nach Belieben

Geben Sie die Beeren mit dem Wasser in einen Topf und bringen Sie sie bei geringer Hitze langsam zum Kochen. Lassen Sie die Mischung unter gelegentlichem Rühren so lang kochen, bis sie eindickt, und süßen Sie die Sauce schließlich nach Belieben mit Honig oder Ahornsirup.

Wojape

Wilde Sprossen

SPROSSEN

Čhamní
ergibt 2 Handvoll (etwa 80 g)

Sonnenblumensprossen sind mit die leckersten Keimlinge, zarter und süßer als Alfalfa-, Linsen- oder Radieschensprossen. Anders als bei den meisten anderen Sprossen, keimen Sonnenblumensamen nur in Erde. Und das geht so:

1. Bohren Sie Löcher als Drainage in die Unterseite einer alten Holzkiste und bedecken Sie diese dann mit Kieselsteinen. Befüllen Sie die Kiste ungefähr 7 bis 8 cm hoch mit Erde.
2. Weichen Sie in einer großen Schüssel 550 g Sonnenblumensamen (mit Schale) 12 Stunden lang in ausreichend Wasser ein. Gießen Sie das Wasser dann weg.
3. Verteilen Sie die Samen auf der Erde. Sie sollten sich nicht überlagern. Drücken Sie sie dann mit ihrer Handfläche auf der Erde fest.
4. Begießen Sie die Samen vorsichtig mit Wasser und bedecken Sie sie dann mit Zeitungspapier.
5. Gießen Sie einmal täglich Wasser auf das Zeitungspapier, bis die Keimlinge – voraussichtlich nach 2 bis 4 Tagen – beginnen, es nach oben zu drücken. Entfernen Sie dann das Zeitungspapier und fahren Sie damit fort, die Keimlinge täglich zu gießen. Zupfen Sie die Samenschalen vorsichtig von den Blättern ab, nachdem die kleinen Pflänzchen sich aufgerichtet haben.
6. Wenn sich die ersten beiden Blätter öffnen, schneiden Sie die Sprossen mit einer Schere ab, und dann guten Appetit!

GEPUFFTER WILDREIS

Psíŋ Nabláȟyapi
ergibt 2 Tassen

Mit gepufftem Wildreis kann man toll Salate oder Suppen garnieren, ihn Puffern und Bratlingen beigeben sowie Kekse damit verzieren. Leicht und nussig im Geschmack, ist gepuffter Wildreis auch einfach so ein köstlicher Snack.

1 EL Sonnenblumenöl
1 Tasse Wildreis (ca. 185 g), gewaschen
1 Prise Salz

Trocknen Sie den Reis gründlich mit einem sauberen Küchentuch oder Küchenpapier. Erhitzen Sie auf hoher Temperatur einen Topf mit schwerem Boden. Wenn dieser heiß ist, geben Sie das Öl und den Wildreis hinein. Legen Sie den Deckel auf und schwenken Sie den Topf gut, damit der Wildreis rundum mit Öl bedeckt wird. Drehen Sie die Temperatur dann auf mittlere Hitze runter und schwenken Sie weiter den Topf, bis Sie hören können, wie der Reis aufplatzt. Bestreuen Sie ihn anschließend mit ein wenig Salz, bevor Sie ihn servieren.

RAMP-LAUCH

Ramp-Lauch (oder Wilder Lauch, *Allium tricoccum*) kann man fast schon riechen, bevor man ihn im Wald findet. Unter den feuchten Blättern am Boden verborgen, sendet der Wildlauch einen leichten Geruch von zerdrücktem Knoblauch und Zwiebeln aus, um auf sich aufmerksam zu machen. Er gehört zu den Liliengewächsen und ist milder als Knoblauch, auch schmeckt er weniger streng als Zwiebeln. Ramp-Lauch ähnelt Frühlingszwiebeln, sein Grün ist aber dunkler und breiter, während seine Zwiebeln hellweiß sind. Die gesamte Pflanze ist essbar, wenn man sie brät, dünstet oder im Ofen zubereitet. Verwenden Sie Ramp-Lauch genau so, wie Sie auch den üblichen Gartenlauch verwenden würden, in Suppen, Eintöpfen, Omeletts und Eierspeisen.

CORN NUTS

Wagmíza Tȟákapi
ergibt knapp 400 g

Die produzieren wir immer gleich in großen Mengen, damit wir sie als Snack und Salat-Topping oder zum Einstreuen in Suppen stets zur Hand haben. Nehmen Sie sich in Acht: Hat man mal angefangen, kann man mit dem Essen nicht aufhören!

Mehr zu Mais, Seite 83–85

360 g Mais der Sorte Giant White Corn (auch unter der Bezeichnung Maíz Mote Pelado bekannt)
4 EL Sonnenblumenöl
1 EL Ahornzucker (oder brauner Zucker)
1 EL Meeressalz
1 EL Sumach

Geben Sie den Mais in eine große Schüssel und fügen Sie so viel Wasser hinzu, dass er etwa 5 cm hoch bedeckt ist. Lassen Sie ihn 12 bis 14 Stunden lang quellen. Gießen Sie ihn dann ab und reiben Sie ihn mit einem sauberen Küchentuch oder Küchenpapier trocken.

Heizen Sie den Ofen auf 200 Grad vor. Legen Sie ein Backblech mit Backpapier aus oder fetten Sie es leicht ein. Übergießen und vermischen Sie den Mais mit dem Öl und streuen Sie den Ahornzucker, das Salz und den Sumach darüber. Verteilen Sie den Mais dann auf dem Backblech – die Körner sollten dabei nicht übereinanderliegen. Rösten Sie die Maiskörner etwa 25 bis 35 Minuten lang und rütteln Sie dabei gelegentlich am Blech. Die Maiskörner sollen dunkel gebräunt und knusprig sein, passen Sie aber auf, dass sie nicht verbrennen. Nehmen Sie sie aus dem Ofen, wenn sie fertig sind, und bewahren Sie die »Maisnüsse« in einem luftdicht verschließbaren Behälter auf.

Corn Nuts

Wissenswert:
Um getrocknete Pilze verwendbar zu machen, bedecken Sie sie einfach mit warmem Wasser und lassen Sie das Ganze stehen, bis die Pilze sich vollgesogen haben. Gießen Sie das Wasser ab – bewahren Sie es aber auf! – und drücken Sie überschüssige Flüssigkeit aus dem Pilzfleisch. Sie können Sie nun wie frische Pilze weiterverarbeiten.

GETROCKNETE PILZE

Getrocknete Wildpilze gehören bei uns zu den besonderen Zutaten. Hat man sie quellen lassen, schmecken sie genauso gut wie frische Pilze, und das Einweichwasser ist ein super Geschmacksgeber für Saucen, Suppen, Eintöpfe, Schmorgerichte und Brühen.

Grob geschätzt werden aus 100 Gramm frischen Pilzen etwa 10 Gramm Trockenpilze. Um Wildpilze zu trocknen, nutzen Sie einen Dörrautomaten oder legen Sie sie auf einem Gitter aus, das Sie für einige Tage an einem kühlen, trockenen Ort aufstellen. Bewahren Sie die Trockenpilze dann in einem luftdicht verschließbaren Behältnis auf.

Abgepackte getrocknete Wildpilze gibt es auch im Handel zu kaufen.

GETROCKNETE ÄPFEL

Getrocknete Apfelringe sehen hübsch aus auf Suppen, Eintöpfen, Schmorgerichten und Salaten. Sie sind auch ein schöner Snack. Stechen Sie einfach das Kerngehäuse aus und schneiden Sie die Äpfel dann horizontal in etwa 0,7 cm dicke Ringe. Verwenden Sie einen Dörrautomaten oder legen Sie die einzelnen Ringe auf ein Gitter und stellen Sie dieses in den Ofen, in dem Sie sie dann bei sehr geringer Hitze so lange dörren können, bis die Apfelringe sich ledrig anfühlen. Lagern Sie sie dann in einem luftdicht verschließbaren Behälter.

Abgepackte getrocknete Apfelringe oder -schnitze (»Apfelchips«) gibt es auch im Handel zu kaufen.

EINHEIMISCHE KRÄUTER UND GEWÜRZE

Wíčahiyutapi Ikčéka

Wilde Bergamotte

Die hübschen, eng beieinanderstehenden, röhrenförmigen Blüten sind braun, magentafarben oder lila und sehen aus wie eine Chrysantheme auf einem 60 cm hohen aufrechten Stängel. Sie verströmen einen minzeähnlichen Duft. Sie ziehen Hummeln an und helfen dabei, Moskitos und Stechmücken abzuwehren. Wilde Bergamotte schmeckt wunderbar in Apfelgelee oder Wein.

Salbei

Die wie bestäubt aussehenden grünen Blätter versehen Fleisch und Suppen mit einem erdigen, nadelholzartigen Geschmack.

Junge Nadelbaumtriebe

Großartig, wenn man sie in Fleischgerichten mitschmort oder bei der Zubereitung von Getreide und Eintöpfen mitkocht.

Minze

Minze benutzt man am besten frisch. Bei Hitze verliert sie deutlich an Geschmack.

Wacholderbeeren

Die kleinen, staubig-blauen »Beeren« (eigentlich Zapfen) des Wacholders schmecken pfeffrig und sorgen im Essen für einen leichten Gin-Geschmack.

Hirschkolbensumach

Dieses nicht nur im Norden der USA verbreitete Sumachgewächs steht oft an Wassergräben und Waldrändern. Seine tiefroten Früchte haben einen zitrusartigen Geschmack.

Senf

Senf wächst wild. Die sehr scharfen Blätter kann man Salaten beigeben oder als Garnitur verwenden. Sammelt man die Samen, so hat man ein wunderbares Gewürz.

Hagebutten

Getrocknet oder frisch – Hagebutten verleihen Brühen und Suppen eine leicht zitronige Note.

KULINARISCHE ASCHE

Čhaȟóta

Das Würzen mit kulinarischer Asche gibt es schon seit Tausenden von Jahren. Genau wie Rauch bereits zu Urzeiten als wichtiger Geschmack galt und ganz am Anfang unserer ursprünglichen Verwendung von Feuer zur Verwandlung roher Zutaten in wohlschmeckendes Essen steht, so ist auch das Verbrennen von Bäumen und harter, nicht genießbarer Pflanzenteile eine uralte Methode, wie sich ein würziger Beigeschmack erzielen lässt.

Wie Würzasche schmeckt, variiert und hängt vom verwendeten Pflanzenmaterial ab – Maiskolben, Salbeiblättern, Wacholderbeeren, Hagebutten, Sumach. Asche gibt vielen Gerichten auch mehr Farbe und macht sie interessanter. Um Würzasche herzustellen, halten Sie das betreffende Nahrungsmittel mit einer Küchenzange über eine offene Flamme oder Sie grillen es auf dem Grill oder im Broiler und drehen es so lange, bis es gänzlich schwarz ist. Nehmen Sie es dann vom Feuer und legen Sie es auf ein Backblech, um es so weit abkühlen zu lassen, dass Sie damit weiterarbeiten können.

Jedes Nahrungsmittel kann zu Würzasche verarbeitet werden. Die folgenden nehmen wir am liebsten:

- Maisasche ist leicht süßlich, dunkel und ein bisschen cremig
- Salbeiasche ist pfeffrig und kräftig
- Wacholderasche gibt den Gerichten, die man damit würzt, eine dunkelblaue, tintenartige Farbe und eine erdige, harzige, pfeffrige Note.

Würzasche herstellen

HIRSCHKOLBEN-SUMACH

Hirschkolbensumach wächst überall im oberen Mittleren Westen und im Nordosten, Kopal-Sumach im Osten und Süden und Scharlachsumach überall in den östlichen und zentral gelegenen Staaten sowie im Westen der USA. Es gibt Sumachgewächse, die nicht giftig sind, die im offenen Gelände und in Randbewuchszonen wachsen. Der wichtigste Unterschied zwischen den genannten Sorten und Giftsumach ist die Farbe der Beeren. Die Beeren des Giftsumachs sind weiß oder grün, alle anderen sind rot oder rötlich.

Wenn Sie Sumach als Gewürz verwenden möchten, sammeln Sie die Fruchtstände und zupfen Sie die »Beeren« ab. (Beachten Sie, dass andere Pflanzenteile giftig sind.) Breiten Sie sie auf einem Stück Backpapier aus, um sie zu trocknen, was ungefähr einen Tag dauert. Geben Sie die getrockneten Beeren dann in eine Tüte und zerdrücken Sie sie. Bewahren Sie den Sumach in einem luftdichten Behälter auf und vermeiden Sie direkte Sonneneinstrahlung. Sumach finden Sie auch in den Gewürzabteilungen von Supermärkten oder Feinkostläden.

GEWÜRZSALZ

Vor langer Zeit sammelten Indigene Salz, indem sie den Tieren zu den Stellen folgten, an denen diese Salz leckten. Salz aus den Ozeanen war eine Handelsware und diente als Währung.

Gewürzsalze sind einfach herzustellen und praktisch, wenn man sie zur Hand hat. Für Kräutersalz spülen und trocknen Sie die Kräuter gut ab. Lassen Sie sie noch für einige Tage an der Luft trocknen. Stecken Sie sie dann in ein Glas mit grobem Salz, sodass die Kräuter rundum bedeckt sind. Das Salz wird die Feuchtigkeit aus den Kräutern herausziehen und sie weiter austrocknen, wobei die Kräuter ihr Aroma an das Salz abgeben. Sie können solche Gewürzsalze mit nur einer Kräuterart oder auch mit einer Mischung aus verschiedenen Kräutern beziehungsweise Würzpflanzen machen, zum Beispiel Salbei, Zweigen von Nadelbäumen, Wacholder, Minze.

RÄUCHERSALZ

Man findet verschiedene Räuchersalze in den Gewürzabteilungen von Supermärkten, Feinkostläden und im Onlinehandel. Es selbst herzustellen ist relativ einfach, Sie benötigen zu gleichen Teilen Salz und Räucherspäne:

2 Tassen für 1 Stunde in kaltem Wasser eingelegte Holzspäne, bereits abgetropft
2 Tassen grobes Salz (ca. 440 g)

Bereiten Sie den Grill für indirektes Grillen vor (indem Sie die heißen Kohlen auf eine Seite schieben, sodass Sie eine kühlere Seite haben, von der aus Sie arbeiten können). Werfen Sie die abgetropften Holzspäne auf die Kohlen. Bedecken Sie den Boden einer Alu-Grillschale dünn mit dem Salz und stellen Sie diese vom Feuer entfernt auf den Grillrost. Decken Sie den Grill ab und justieren Sie die Belüftungsschlitze so, dass sie mittlere Hitze zulassen. Räuchern Sie das Salz 1 Stunde lang. Nehmen Sie es dann heraus, lassen Sie es auf Raumtemperatur abkühlen und bewahren Sie es in einem verschließbaren Gefäß auf.

FELD UND GARTEN

Denken Sie sich einen im August frisch über dem Feuer gerösteten Maiskolben, knusprig gebräunt und prall, pochierte Eier in einer Schüssel mit cremigem Maisbrei, eine herzhafte, sattmachende Suppe aus Schwarzen Bohnen. Keines dieser Gerichte ist schwer zuzubereiten oder irgendwie kompliziert, und sie bestehen aus Zutaten, die direkt hinterm Haus wachsen.

Als ich begann, mir die indigene Küche neu zu erschließen, war der erste Schritt, dass ich mich auf die Nahrungsmittel konzentriert habe, die immer schon da waren. Dazu musste ich mich erst durch einige Schichten europäischer Kulturhinterlassenschaften kämpfen, bevor ich tatsächlich einheimische Blattgemüse, Kräuter, Gemüsesorten, Eier, Fisch und Wildbretarten vor mir hatte, die den Jahrhunderten getrotzt hatten. Ich habe zunächst einfache, unmittelbare Arten des Kochens und die Kochutensilien meiner Vorfahren angewandt und dabei gelernt, die Welt mit indigenen Augen zu sehen.

Nach meinem Jahr in Mexiko nahm ich einen Job auf der Lazy EL Ranch in Montana an – 1400 Morgen unberührter daliegender Wiesen, Prärie- und Waldflächen im Vorland des Gebirges, wo ich zusammen mit einer weisen Stammesältesten arbeitete, die ironischerweise Julia Childs hieß. Wir füllten die Küche mit Essbarem, das wir draußen gesammelt hatten – Rohrkolben, Prärierüben, Wilder Minze, Salbei und Wilder Bergamotte – und wir ernteten einheimische Stangenbohnensorten, Kürbisse und Mais in ihrem riesigen Garten. Unter dem weiten Westhimmel bekam ich einen Eindruck davon, wie sich das Leben vielleicht angefühlt hatte, bevor die Cowboys ankamen, und wie es gewesen sein mochte, als Viehherden das Land zerstörten, auf dem die Natives wohnten, Vorräte sammelten und Böden bewirtschafteten, oder als Holzfäller die einst artenreichen und grünenden Wälder dezimierten.

Als ich zurück in Minneapolis war, fand ich schnell heraus, dass diejenigen Nahrungsmittel, die wir heutzutage ignorieren oder als Unkraut ausreißen, zu den schmackhaftesten, interessantesten und nährreichsten gehören. Wildkräuter wie Löwenzahn, Portulak, Wegerich und Wollziest wuchern wie verrückt bei uns hinterm Haus. Verwenden Sie sie für Salat und um Suppen und Eintöpfe damit zu würzen, statt gegen sie vorzugehen. Aus den Eicheln, die wir mit unseren Autoreifen zermalmen, kann man, wenn man sie direkt nach dem Herunterfallen aufliest, ein köstliches glutenfreies Mehl herstellen. Und entlang der Highways finden sich eine Unmenge wilder Haselnusssträucher, wildwachsender Himbeeren, Erdbeeren und Traubenkirschen, die man einfach so pflücken kann.

Bevor die Europäer ankamen, wussten meine Vorfahren, wie sie ihre Sammelgebiete schützen konnten, und sie kultivierten eine Reihe von Nahrungsmitteln mit Methoden, die heute unter dem Begriff »Permakultur« laufen. Die Frauen leisteten den Löwenanteil der Arbeit, die beim Pflanzen, Ernten, Dörren und Kochen anfiel. Sie gingen sehr sorgsam mit der Erde um und reagierten auf eine Weise auf die Naturgewalten, die einem heute erstaunlich modern vorkommt. Buffalo Bird Woman, eine Angehörige der Hidatsa, praktizierte bereits den Fruchtwechsel, kompostierte Abfälle und verwertete alle Teile einer Pflanze, inklusive ihrer Asche, die sie als Gewürz benutzte und die heute als Zutat in den Küchen vieler angesagter Restaurants ebenfalls wieder gefragt ist.

Die heutigen indigenen Landwirte und Nahrungsproduzenten lassen sich von der Arbeit unserer Vorfahren leiten – die Organisation Dream of Wild Health in Hugo, Minnesota, besitzt eine riesengroße Sammlung alter Samensorten; und auf der Wozupi-Farm der Mdewakanton-Dakota wird organisches Gemüse angebaut, zudem betreiben sie eine Obstplantage mit alten Sorten in Prior Lake in Minnesota. Sie machen diese wertvollen indigenen Nahrungsmittel professionellen wie auch allen anderen Köchinnen und Köchen wieder verfügbar.

Die Rezepte in diesem Kapitel, in dem es um kleinere Gerichte und Suppen geht, sind unkompliziert, gut gewürzt und unprätentiös. Einige der Zutaten – Ahornessig, Sumach oder Tamarack zum Beispiel – mögen ungewöhnlich erscheinen, stellen aber fantastische Ergänzungen zu dem dar, was wir sonst immer benutzen, und helfen uns, die einzigartigen Geschmackseindrücke dieser ganz besonderen Landschaft zur Geltung zu bringen. Wir hoffen, dass Sie sie einmal ausprobieren.

GERÖSTETER MAIS MIT WILDKRÄUTERPESTO

Wagmíza na Wathȟótȟo yužápi
ergibt 4–6 Portionen

Wissenswert:
1 Maiskolben enthält etwa 1 Tasse Maiskörner (ungefähr 165 Gramm). Heben Sie die Kolben anschließend auf, um Maisbrühe zu kochen (Seite 33).

Mehr zu Mais,
Seite 83–85

Frisch geernteter Mais enthält viel natürlichen Zucker, der auf dem Grill oder im heißen Ofen perfekt karamellisiert. Nichts ist einfacher und macht glücklicher als frisch gerösteter Mais.

4 bis 6 große frische Maiskolben
Sonnenblumen- oder Haselnussöl
2 bis 3 Teelöffel Wildkräuterpesto (Seite 60)

Bereiten Sie einen Holzkohlegrill vor oder heizen Sie den Grill im Ofen auf hohe Temperatur vor. Entfernen Sie die Schale von den Maiskolben und reiben Sie sie leicht mit dem Öl ein. Legen Sie die Kolben direkt auf die Grillplatte oder in einen Bräter und rösten Sie sie, indem Sie sie gelegentlich drehen, bis alle Seiten schön gebräunt sind. Achten Sie darauf, dass sie nicht verbrennen, sie brauchen insgesamt ungefähr 5 bis 7 Minuten. Servieren Sie die Maiskolben mit einigen Klecksen Wildkräuterpesto.

Gerösteter Mais

DREI-SCHWESTERN-SOMMER-SALAT MIT RÄUCHERFORELLE

Blokétu Wathóťho Íčhičahiya
ergibt 4–6 Portionen

Miteinander kombiniert sind die »drei Schwestern« ernährungstechnisch ein Kraftpaket. Die komplexen Kohlenhydrate im Mais, die proteinreichen Bohnen und die Vitamine der Zucchini ergeben eine vollständige Mahlzeit. Wer es gerne knusprig mag, fügt Corn Nuts (Seite 40) hinzu, wobei sich mit Sonnenblumenkernen und gerösteten Kürbiskernen ein ähnlich gutes Ergebnis erzielen lässt.

150 g Zucchini (oder ein anderer Sommerkürbis), in ½ cm breite Scheiben geschnitten
1 EL Sonnenblumenöl
2 Kolben gerösteter Mais (Seite 49), Maiskörner vom Kolben gelöst
170 g mit Zeder geschmorte Bohnen (Seite 72)
¼ Tasse Wojape-Minz-Sauce (Seite 51)
Löwenzahnblätter (und gemischte andere Wildkräuter)
115 g geräucherte Forelle, in fingerdicke Streifen geschnitten

Drei-Schwestern-Sommersalat mit Räucherforelle

Eine Grillplatte oder eine große schwere Bratpfanne stark erhitzen. Streichen Sie sie mit Öl ein und braten Sie die Zucchinischeiben von beiden Seiten ungefähr 3 Minuten lang an. Nehmen Sie sie von der Kochstelle. Vermengen Sie Mais, Bohnen und Zucchini in einer großen Schüssel. Fügen Sie gerade so viel Wojape-Minz-Sauce hinzu, dass alles leicht damit überzogen ist, und richten Sie die Mischung auf einem Bett aus Löwenzahn- und Wildkräutern an. Drapieren Sie zuletzt die Forellenstreifen auf dem Salat.

WOJAPE-MINZ-SAUCE

Wóžapi nakúŋ Čheyáka Iyúltȟuŋ
ergibt ungefähr ½ Tasse oder 130 Gramm

Schmeckt wahnsinnig gut mit bitteren Kräutern wie Wasserkresse und Löwenzahn oder auch Sauerampfer. Sie können die Sauce in einem verschlossenen Gefäß für 3 bis 5 Tage im Kühlschrank aufbewahren.

¼ Tasse Wojape (Seite 37)
1 EL Ahornessig (oder Apfelessig mit etwas Ahornsirup)
3 EL Sonnenblumenöl
1 EL Ahornsirup
1 große Prise Salz
1 EL gehackte Minze

Vermischen Sie alle Zutaten mit dem Schneebesen in einer kleinen Schüssel. Abschmecken und fertig.

LOCAVORE- UND TRADE-A-VORE-KÜCHE

»Die Natives waren keine Locavoren, sie waren Tradeavoren. Und das hat sich auch auf ihre Beziehungen mit den Europäern nach 1491 erstreckt.«

Chefköchin Lois Ellen Frank,
Red Mesa Cuisine, Santa Fe, New Mexico

Wie ist der Mais, der ursprünglich aus Mexiko stammt, wo er schon im Jahr 8000 v. u. Z. angebaut wurde, so weit in den Norden, bis nach Kanada gelangt? Heute stehen wir alle elektronisch miteinander in Verbindung, aber in früheren Jahrhunderten hatten die amerikanischen Ureinwohner weitverzweigte Handelsrouten, die sie intensiv nutzten.

Es gibt deutliche Hinweise darauf, dass der Mais, den wir heute anbauen, über Handelsrouten zu uns gelangt ist, deren Zentrum Cahokia war, eine frühzeitliche Stadt, die sich über ungefähr fünfzehn Quadratkilometer erstreckte. Die früheste Besiedlung von Cahokia wird auf etwa 600 n. u. Z. datiert, und für die Zeit des beginnenden 13. Jahrhunderts geht man von schätzungsweise 40.000 Einwohnern aus. Strategisch günstig an der Stelle gelegen, wo Missouri und Illinois River in den Mississippi münden, unterhielt Cahokia Verbindungen mit Gemeinschaften, die in weit entfernten Gegenden lebten, bis hin zu den Großen Seen, der Küste des Golfs von Mexiko, den Rocky Mountains und dem Atlantischen Ozean. Gehandelt wurde mit

Kupfer, schneckenförmigen Muscheln und Feuerstein, der in Hacken und anderen landwirtschaftlichen Werkzeugen Verwendung fand. Weitergegeben wurden auch die Anbaumethoden der »Drei Schwestern« (Mais, Bohnen, Kürbis) sowie Kochpraktiken und Wege, wie sich Nahrung haltbar machen ließ.
Bei der Neuaufstellung unserer indigenen Küche habe ich kein besonderes Interesse daran, die Zutaten auf diese spezielle Region zu beschränken. Es ist wichtig, die Nahrungsmittel zu kennen, die in unmittelbarer Reichweite unserer Küchen sind, aber ich bin auch sehr daran interessiert, was in anderen Regionen gegessen wird. Es ist allerdings wichtig, Ernährungsgewohnheiten immer in ihren geografischen und kulturellen Kontexten zu sehen und achtsam damit umzugehen.

HOPNISS

Hopniss *(Apios americana)*, auch *Groundnut* genannt, ist die Knolle einer Bohnenpflanze, die geschmacklich einer Mischung aus Russet-Kartoffeln, Yuca und rohen Erdnüssen ähnelt. Die gesamte Pflanze ist essbar – Bohnen, Keimlinge und die hübschen Blüten. Sie wächst da, wo es feucht ist – an Bachläufen, in Niederungen, am Rand von Teichen – und kann auch im Garten gezogen werden. Die Knollen dieser zweijährigen Pflanze bilden sich wie Erdnüsse entlang der Wurzelstrangwindungen. Es dauert ungefähr zwei Jahre, bis die Knollen reif sind, und sie sind nicht sehr groß, etwa so groß wie ein Vierteldollar (oder eine 2-Euro-Münze).

Hopniss sind fester als Kartoffeln, eher wie Yuca, und brauchen beim Kochen auch etwas länger. Wie Kartoffeln schmecken sie gebraten oder geröstet sehr gut, wie auch gekocht in Salaten oder gedämpft und zu Brei zerstampft. Man kann sie trocknen und zu Mehl zermahlen, mit dem sich Suppen, Soßen oder Schmorgerichte andicken oder auch Fladen backen lassen.

FRÜHLINGSSALAT MIT TAMARACK-HONIG

Wétu Wathóthó Íčhičahiya nakúŋ Wičháyažipa Thúŋkče
ergibt 4–6 Portionen

An einem Abend im späten Frühjahr unweit der Uferlinie des Lake Vermilion im Norden von Minnesota gehen Tashia, Dana und ich los, um Zutaten für ein großes Gemeinschaftsessen später am Abend zu sammeln. Gleich vor unserer Haustür streckten uns die Tamarack-Lärchen ihre hübschen kleinen Nadeltriebe entgegen, so zart, süß und köstlich! Wir sammelten einen ganzen Eimer davon und entdeckten dann auf dem Rückweg noch eine Stelle, an der üppig Hopniss wuchs.

Mehr zu Hopniss,
Seite 53

Frühlingssalat mit Tamarack-Honig

Wissenswert:
Wenn Sie statt Hopnissknollen Yuca verwenden, schälen Sie diese, schneiden sie in Stücke und kochen sie für 5 bis 10 Minuten, bis sie weich sind.

150 g saubergebürstete Hopniss-Knollen (oder Yuca), in 2,5 cm große Stücke geschnitten
2 EL Sonnenblumen- oder Nussöl
2 bis 3 EL Tamarack-Honig (Seite 55)
100 g zerkleinertes Dörrfleisch vom Kaninchen (Seite 152) oder hochwertiges Truthahn- oder Bison-Jerky
2 Handvoll Erbsensprossen oder in schmale Streifen geschnittene Zuckerschoten
6 bis 8 große Handvoll gemischte Wildkräuter
1 Handvoll (40 g) Sonnenblumentriebe (Seite 38)
35 g Sonnenblumenkerne

Geben Sie die Hopniss-Knollen in einen Topf und bedecken Sie sie 5 cm hoch mit kaltem Wasser. Bringen Sie das Ganze bei großer Hitze zum Kochen, reduzieren Sie dann die Temperatur und lassen Sie die Knollen für etwa 10 bis 20 Minuten leicht köcheln, bis sie weich sind. Gießen Sie sie ab und stellen Sie sie beiseite.

Verquirlen Sie in einer kleinen Schüssel das Öl und den Tamarack-Honig. Vermengen Sie anschließend in einer anderen Schüssel das Trockenfleisch und die Erbsensprossen mit so viel von dem Honig-Öl-Gemisch, dass alles leicht davon überzogen ist. Arrangieren Sie die Wildkräuter auf einer großen Platte oder auf einzelnen Tellern, geben Sie das Fleisch mit den Erbsensprossen darauf und beträufeln Sie das Ganze mit noch etwas Tamarack-Honig. Garnieren Sie zum Schluss mit Sonnenblumentrieben und Sonnenblumenkernen.

GEFÜLLTE ENTENEIER

Mağáksiča Wítka na Wathótho yužápi nakúŋ Waȟčázi Čhamní
ergibt 4–6 Portionen

Enteneier sind größer und schmecken viel aromatischer als Hühnereier. Wenn Sie keine kriegen können, nehmen Sie, egal bei welchem Rezept, einfach ein extragroßes Hühnerei für jedes Entenei. Dieses Rezept hier ergibt eine tolle Vorspeise oder ein leckeres leichtes Mittagessen.

4 Enteneier
110 g Enteneier-Aioli (Seite 59)
1 Schuss Ahornsirup (oder je nach Geschmack auch mehr)
1 Prise Räuchersalz (Seite 45)
1 Prise zerstoßener Wacholder
1 Prise Sumach

Geben Sie die Eier in einen großen Topf und füllen Sie ihn mit kaltem Wasser, sodass es über den Eiern etwa handbreit (7 bis 8 cm hoch) steht. Stellen Sie den Topf bei mittlerer Hitze auf die Kochstelle, bringen Sie den Inhalt zum Kochen, reduzieren Sie dann die Temperatur und lassen Sie die Eier für 8 Minuten leicht köcheln. Gießen Sie das Wasser weg und schrecken Sie die Eier unter fließendem kalten Wasser ab. Pellen Sie die Eier und halbieren Sie sie. Entfernen Sie dann die Eigelbe. Diese kommen zusammen mit den übrigen Zutaten in eine Küchenmaschine. Pürieren Sie alles sehr fein. Schmecken Sie zum Schluss noch einmal ab, bevor Sie die Eigelbmischung zurück in die Eiweißhälften füllen.

Gefüllte Enteneier

Enteneier-Aioli

ENTENEIER-AIOLI

Maǧáksiča Wítka na Pšíŋkčeka Iyúltȟuŋ
ergibt etwa 340 g

Diese hausgemachte Sauce hat eine samtige Textur und ist sehr aromatisch. Sie eignet sich perfekt als Grundlage für weitere Saucen, mit denen wir gern gegrilltes oder gebratenes Gemüse servieren, oder auf Fleisch oder herzhaftes Gebäck klecksen.

2 Eigelb von Enteneiern, die Zimmertemperatur haben
1 Prise Salz
1 Prise Sumach
1 Prise zerstoßene Wacholderbeeren
1 TL Senfpulver oder 1 EL Dijon-Senf
230 bis 340 ml Sonnenblumenöl
1 TL Ahornessig (oder Apfelessig mit etwas Ahornsirup)

Schlagen Sie das Eigelb in einer kleinen Schüssel, bis es dickflüssig und cremig ist. Mischen Sie das Salz, den Sumach, den Wacholder und den Senf unter. Lassen Sie nun, während Sie weiterquirlen, langsam und zunächst nur nach und nach in kleinen Portionen das Öl hineinträufeln. Sobald die Mischung fester zu werden beginnt, verquirlen Sie auch das übrige Öl, indem Sie es langsam, aber in einem stetigen Strahl in die Masse rinnen lassen. Zum Schluss fügen Sie den Ahornessig hinzu. Schmecken Sie nach Belieben mit Wacholder ab.

WILDKRÄUTERPESTO

Wathótho yužápi
ergibt 350 g

Um ein ungewöhnliches, geschmacksintensives Pesto zu erhalten, versuche ich eine Reihe von Aromen ausgewogen miteinander zu kombinieren: duftende Minze, kräftiges Senfkraut, zitronigen Sauerampfer oder Portulak, bitteren Löwenzahn, neutralen Weißen Gänsefuß. Wenn man das Pesto auf althergebrachte Weise macht, indem man die Kräuter, die Nüsse und das Öl zusammen zerstampft, kommt eine dicke, grobe Paste dabei heraus.

Wenn Sie es gerne feiner haben, pürieren Sie alles zusammen in einer Küchenmaschine. Das Pesto hält sich eine Woche oder länger in einem verschlossenen Gefäß im Kühlschrank.

Um diesem Pesto eine frische, zitronige Note zu geben, können Sie auch Sauerklee verwenden (*Oxalis stricta, violacea* oder *montana*), der ähnlich sauer schmeckt wie Sauerampfer.

100 g oder etwa 2 Handvoll Wildkräuter (eine Mischung aus Sauerampfer, Löwenzahnblättern, Portulak, Weißem Gänsefuß, wilder Minze und Senfkraut)
1 Wilde Zwiebel oder 40 g gewürfelte Schalotten
35 g geröstete Sonnenblumenkerne (Seite 200)
80 bis 170 ml Sonnenblumen- oder Haselnussöl
1 Prise Salz
1 Prise Ahornzucker (oder brauner Zucker)

Zerstoßen Sie die Kräuter, die Zwiebel oder Schalotten und die Sonnenblumenkerne mit einem Stößel in einem Mörser oder pürieren Sie alles in einer Küchenmaschine. Arbeiten Sie das Öl nach und nach ein und würzen Sie nach Belieben mit Salz und ein wenig Ahornzucker.

WILDKRÄUTER UND GRÜNES WILDGEMÜSE

Uns erscheint es heutzutage so normal, unsere Gartenbeete und Rasenflächen von Löwenzahn, Portulak, Wegerich und anderem wildwachsenden Kraut zu befreien, dass wir darüber ganz vergessen haben, dass es sich bei all dem um gutes Essen handelt. Obwohl es nicht gesichert ist, dass Löwenzahn, Portulak und Wegerich tatsächlich immer schon einheimische Pflanzen waren, weist doch einiges darauf hin, dass sie Nordamerika in präkolumbischer Zeit erreicht haben, sodass man davon ausgehen kann, dass diese Pflanzen schon vor der Ankunft der Europäer von den Native Americans gegessen wurden. Denken wir uns Sauerklee, Brunnenkresse, Gänsefuß, Postelein, Wiesenklee und Knoblauchsrauke hinzu, die überall wild hinterm Haus, auf Wiesen und an Waldrändern wachsen, und schon haben wir eine tolle Salatmischung – die gut schmeckt und voller Vitamine steckt. Statt uns mit dem mühsamen Versuch zu plagen, diese Pflanzen aus unserem Rasen zu verbannen, essen wir sie doch lieber einfach auf!

Beim Sammeln von Wildkräutern

Sammeln nach Einbruch der Dämmerung

LISTE WILDER KRÄUTER UND GRÜNER WILDGEMÜSE

Amarant

Die komplette Amarantpflanze (*Amaranthus*, im Deutschen auch als Fuchsschwanz bekannt) ist essbar – ihre zarten Keimlinge, die grünen Blätter, die Stengel, Samen und Wurzeln. Wenn man sie in noch jungem Stadium erntet, verleihen sie Salaten oder Pesto einen besonderen Pfiff, und in Suppen kann man sie als Dekoration verwenden, die eine frische Note mitbringt.

Ampfer

Es gibt sehr viele, einander oft ähnelnde Ampferarten *(Rumex)*, von denen hierzulande der Wiesensauerampfer und der Blutampfer vielleicht die bekanntesten sind. Die großen, spitz zulaufenden Blätter des Ampfers schmecken ein klein wenig wie Spinat mit Zitrone. Je weiter das Jahr fortschreitet, umso saurer werden sie mitunter, eignen sich dann aber in kleingeschnittener Form immer noch gut als Garnierung.

Brunnenkresse (Wasserkresse)

Brunnenkresse wächst an schnell fließenden kalten Bachläufen und ist eines der ersten grünen Blattgemüse, die aus dem Schnee hervorbrechen. Sie schmeckt frisch und pfeffrig, fantastisch in Salaten und großartig in Pestos. Passt perfekt zu Forelle.

Knöterich

Die kleingeschnittenen jungen Triebe und Stängel verschiedener Knötericharten schmecken toll in Salaten: Ihr pfeffriges und grasiges Aroma gibt dem Salat mehr Kick. In Nordamerika wie auch hierzulande heimisch sind beispielsweise der Vogelknöterich *(Polygonum erectum)* und der Wiesenknöterich *(Polygonum bistorta)*.

Löwenzahn

Das ist im Frühling unsere Lieblingswildpflanze – charaktervoll und pfeffrig, macht sie sich großartig in Salaten und Pestos. Oft streuen wir sie kleingeschnitten als Garnierung auf Suppen und leichte Eintöpfe. Die gesamte Pflanze ist essbar, zögern Sie also nicht, auch die hübschen Blüten als Garnierung zu benutzen – wenn sie gerade aufgegangen sind, schmecken sie mild und fast ein bisschen süß.

Malve

In Nordamerika sind verschiedene wildwachsende Malven verbreitet, die auch hierzulande wachsen. Für die Küche bietet sich beispielsweise die Wegmalve an. Die Malve ist eine der letzten Grünpflanzen, die man im Jahr noch ernten kann, und eine der ersten, die im Frühjahr wieder da sind. Sie hat einen milden Geschmack. Alle Pflanzenteile kann man, kleingeschnitten, dazu verwenden, Suppen und Eintöpfe anzudicken.

Senf

Senfblätter sind eine würzige Beigabe zu Salaten und Pestos. Die Samen lassen sich leicht ernten und entweder direkt als Gewürz verwenden, oder man verarbeitet sie zu selbstgemachtem Senf. Neben dem nativen Raukengewächs Tansy Mustard *(Descurainia pinnata)*, das in der indigenen Küche Nordamerikas eine Rolle spielt, sind dort auch der in Europa wild wachsende Acker- *(Brassica kaber)* und der Schwarze Senf *(Brassica nigra)* weit verbreitet.

Sommerportulak

Sommerportulak (*Portulaca oleracea*, auch Gemüseportulak oder Burzelkraut) ist ist eine der nährreichsten Gemüsepflanzen der Welt – bis obenhin voll mit Vitaminen und Mineralstoffen, wie Vitamin E und Betacarotin. Er enthält eine geballte Ladung Proteine und Omega-3-Fettsäuren, die das Immunsystem stärken und gut für die gesunde Gehirnfunktion sind.

Vogelmiere *(Stellaria media)*

Im Frühjahr ist die gesamte Pflanze noch zart und schmeckt frisch, sodass wir sie in Salaten und Pestos verwenden. Ihre Blätter haben zu dieser Zeit einen milden, reichhaltigen und delikaten Geschmack. Später, im Laufe der Monate, werden sie dann bitter. In den USA wird zudem die heimische Mierenart *Stellaria pubera* genutzt sowie die Hornkrautart *Cerastium vulgatum*, die mit demselben Trivialnamen wie die Vogelmiere als »chickweed« bezeichnet wird.

Wegerich

Die Blätter des Wegerichs (z.B. *Plantago rugelii* oder *lanceolata*, in Europa andere Unterarten) schmecken hervorragend in Salaten, insbesondere solchen, denen auch Beeren und Äpfel beigemengt sind.

Weißer Gänsefuß

Weißer Gänsefuß *(Chenopodium album)* zieht Mineralien aus der Erde und kann dadurch eine angenehm salzige Geschmacksnote in Salate oder Pestos einbringen. Seine Blätter können zudem wie Spinat verarbeitet werden, man dünstet sie kurz an oder gibt sie ganz zum Schluss in Suppen und Eintöpfe.

Wiesenklee (Rotklee)

Es gibt weltweit sehr viele Kleesorten. In Europa gehört der Wiesenklee zu den ersten Grünpflanzen, die im Frühling erscheinen. Er schmeckt am besten, wenn man ihn zu dieser Jahreszeit genießt. Später im Jahr schmeckt er eher bitter.

GEFÜLLTE KÜRBISBLÜTEN

Wagmú Wanáȟča nakúŋ Wičháyažipa Thúŋkče Akáštaŋpi
ergibt 4–6 Portionen

Mehr zu Mais, Seite 83–85

Jede Gärtnerin und jeder Gärtner weiß aus Erfahrung, dass der Spätsommer oft noch eine rekordwürdige Zahl an Zucchini- und Kürbisblüten hervorbringt. Die schönen Blüten sind jedoch nicht annähernd so empfindlich, wie sie aussehen. Versuchen Sie sie also einmal gefüllt mit unserer Creme aus Räucherfisch und weißen Bohnen, als Vorspeise oder als leichte Mahlzeit zwischendurch.

12 bis 16 Zucchini- oder Kürbisblüten (ohne Stängel)
100 g Creme aus Räucherfisch und weißen Bohnen (Seite 80)
2 Enteneier (getrennt)
50 g Masa oder Maismehl
115 g Sonnenblumenöl
Tamarack-Honig oder anderen Honig (Seite 55)

Legen Sie die Blüten auf eine trockene Unterlage. Öffnen Sie die Blüten vorsichtig und füllen Sie mit Hilfe eines Esslöffels oder einfach mit bloßen Fingern gerade so viel Creme hinein, dass die Blüten gefüllt sind. Zwirbeln Sie die Blütenblätter oben zusammen, um die Blüten wieder zu schließen, sodass die Füllung nicht hinauslaufen kann.

Schlagen Sie in einer mittelgroßen Schüssel das Eiweiß, bis es sehr steif ist, und in einer anderen Schüssel das Eigelb, bis es eine helle Farbe angenommen hat. Heben Sie nun das Eigelb vorsichtig unter das Eiweiß – sodass dieses nicht zusammenfällt. Geben Sie das Mehl auf einen Teller.

Erhitzen Sie das Öl bei mittlerer Hitze in einer Pfanne oder einem schweren Topf. Wenn es beginnt, leichte Wellen zu bilden (also 190 Grad heiß ist), tunken Sie die Blüten in die Eiermischung, wälzen Sie sie dann im Mehl und frittieren Sie sie. Geben Sie immer nur kleinere Portionen zusammen in die Pfanne oder den Topf, es sollen nicht zu viele gleichzeitig im Öl liegen. Wenden Sie sie vorsichtig, bis sie rundum goldbraun sind – was etwa 3 bis 5 Minuten dauert. Nehmen Sie sie dann heraus und lassen Sie sie auf Küchenpapier abtropfen, während Sie mit den restlichen Blüten genauso verfahren. Sie können die fertigen Blüten auch bei niedriger Temperatur (120 Grad) warmhalten. Geben Sie vor dem Servieren einige Spritzer Tamarack-Honig darüber.

GEBRATENER MAISPILZ MIT FRISCHEM MAIS UND FRITTIERTEM SALBEI

Wagmíza na Wagmíza Aíčhaǧe na Phežíȟota Čheúŋpapi
ergibt 4–6 Portionen

Mehr zu Cuitlacoche,
Seite 67

Mehr zu Mais,
Seite 83–85

Mehr zu Pilzen,
Seite 41

Dieses Gericht erinnert mich an das Jahr, das ich in Mexiko verbracht habe. Dort wird Mais in allen möglichen Varianten zelebriert. Maisbrand oder Maisbeulenbrand wird in der mexikanischen Küche als Delikatesse angesehen, und das wundert einen auch gar nicht. Der Pilz – in Mexiko *Cuitlacoche* oder *Huitlacoche*, in den USA *Corn Mushroom* genannt – verleiht Suppen, Schmor- und Pfannengerichten einen süßen, erdigen Maisgeschmack und schmeckt insbesondere, wenn man ihn zusammen mit frischem Mais kocht, ganz köstlich. Das folgende Rezept passt gut zu Maiskuchen (Seite 87) oder Knusprigen Bohnenbratlingen (Seite 74).

3 EL Sonnenblumenöl
300 g frische Pilze, in Scheiben geschnitten
100 g Cuitlacoche-Pilze (oder 10 g getrocknete Wildpilze wie z. B. Pfifferlinge, eingeweicht)
40 g gewürfelte Wilde Zwiebeln oder Schalotten
330 g Maiskörner
165 g eingeweichten und gekochten Hominy-Mais
60 ml Maisbrühe (Seite 33) oder Einweichwasser der Trockenpilze
1 Prise zerstoßene Wacholderbeeren
2 TL kleingeschnittener Salbei
2 TL kleingeschnittene Minze
1 Prise Salz
6 Salbeiblätter

Bestreichen Sie den Pfannenboden mit 2 EL Öl, erhitzen Sie die Pfanne bei mittlerer Temperatur und braten Sie die frischen Pilze zusammen mit den Cuitlacoche an, bis sie stark gebräunt sind (ungefähr 5 bis 7 Minuten). Fügen Sie die Zwiebeln hinzu und lassen Sie alles weiter garen, bis die Zwiebeln glasig sind. Geben Sie dann die frischen Maiskörner und den Hominy-Mais dazu, und halten Sie alles etwa 5 Minuten lang unter gelegentlichem Rühren am Kochen, bis die frischen Maiskörner gerade eben weich und zart sind. Rühren Sie nun die Maisbrühe, den kleingeschnittenen Salbei und die Minze ein und lassen Sie es köcheln, bis sich die Flüssigkeit etwa um die Hälfte reduziert hat. Dann nach Belieben mit Salz und Wacholderbeeren würzen.

Erhitzen Sie in einer kleinen Pfanne auf der höchsten Stufe das übrige Öl und frittieren Sie die Salbeiblätter von beiden Seiten, bis sie dunkel werden und knusprig sind – das dauert etwa jeweils 15 bis 30 Sekunden.

Servieren Sie das Maisgericht heiß oder lauwarm mit den frittierten Salbeiblättern bestreut.

Wissenswert:
Um Hominy-Mais oder getrockneten Mais kochfertig zu machen, legen Sie beides über Nacht in Wasser ein. Gießen Sie am nächsten Tag das Wasser ab und füllen Sie den Mais beziehungsweise Hominy-Mais in einen Topf. Füllen Sie so viel Wasser ein, dass der Inhalt etwa 5 cm hoch mit Wasser bedeckt ist. Bringen Sie den Topfinhalt nun bei mittlerer Hitze zum Kochen, reduzieren Sie dann die Temperatur und lassen Sie die Körner für ungefähr 10 bis 25 Minuten kochen, bis sie weich sind. Gießen Sie sie ab und verfahren Sie damit, wie im Rezept angegeben.

CUITLACOCHE-PILZE (CORN MUSHROOMS)

Buffalo Bird Woman hat davon berichtet, wie sie *mape di* oder *corn smut* (Maisbrand) oder, ein Begriff, den viele von uns benutzen, »Maistrüffel« gesammelt hat. Für kurze Zeit gedämpft und dann, noch am Kolben verbleibend, getrocknet, wurde der Pilz zusammen mit dem Mais gekocht. »Wir haben das *mape di,* das am Maiskolben wuchs, als eine Maisart angesehen, weil es aus dem Kolben kam«, erzählte sie dem Anthropologen Gilbert Wilson, der ihre Lebensgeschichte veröffentlicht hat.

Einige Landwirte nennen den Pilz »Teufelskorn«, in Mexiko ist er aber auch als Cuitlacoche (bzw. Huitlacoche) oder Maistrüffel oder schwarzes Gold bekannt. Der Erreger namens *Ustilago maydis* kommt in der Erde vor und kann während des Heranreifens junge Maiskolben befallen. Er zeigt sich in grauen und beulenartigen Wucherungen und ist leicht über den Wind übertragbar, sodass über Nacht ein ganzes Feld davon betroffen sein kann.

Als ich durch Mexiko gereist bin, habe ich den Cuitlacoche auf Märkten gefunden und daraus mit Poblano-Chilis eine Füllung für Tacos und Quesadillas gekocht, die man auch in Suppen einrühren kann. In unserer Gegend hat man den Maisbrandpilz getrocknet und als Gewürz für Suppen und Eintöpfe verwendet. Der Pilz enthält einen hohen Anteil der Aminosäure Lysin, und wenn man ihn mit Mais kombiniert, erhöht sich dessen Proteingehalt. Es spricht aber alles dafür, ihn einfach frisch in einer Sauce oder in Maisbrot verbacken zu genießen.

Der Geschmack des Cuitlacoche ist süß, würzig und erdig. Weil er so leicht verderblich ist, findet man ihn nur selten frisch. Wenn Sie also das Glück haben, einen Maisbauern zu kennen, dessen Ernte es »erwischt« hat, greifen Sie unbedingt zur frischen Variante. In Dosen oder tiefgefroren ist er in den meisten mexikanischen Läden und bei manchen Feinkosthändlern erhältlich.

GESCHMORTE SONNENBLUMEN (ODER TOPINAMBUR)

Waȟčázi/Pȟaŋǧí Lolóbyapi
ergibt 4–6 Portionen

Wir alle kennen geröstete Sonnenblumenkerne und das kostbare Sonnenblumenöl, doch waren auch die prächtigen Köpfe früher eine wichtige Nahrungsquelle. Im Geschmack ähneln sie der Artischocke. Wenn man sie geschmort hat, kann man sie mit Wildreis, Nüssen oder Bohnen füllen. Sie schmecken auch köstlich, wenn man sie mit einem Klecks Wojape serviert oder mit Räuchersalz bestreut. Bieten Sie sie als Beilage an oder bereiten Sie sie als Vorspeise oder leichte Mahlzeit zu.

Mehr zu Sonnenblumen,
Seite 186

Mehr zu Topinambur,
Seite 81

Sollten gerade keine Sonnenblumen erhältlich sein, lässt sich dieses Rezept genauso gut mit Topinambur zubereiten.

2 bis 4 Sonnenblumen
je nach Größe 2 bis 3 EL Sonnenblumenöl
40 g gehackte Wilde Zwiebeln oder Schalotten
2 TL gehackter Salbei
1 Prise Räuchersalz (Seite 45)
60 ml Maisbrühe (Seite 33) oder Wasser
35 g geröstete Sonnenblumenkerne zum Garnieren
Wojape (Seite 37)

2–4 Sonnenblumen können durch 450 bis 680 Gramm gesäuberten und quer halbierten Topinambur ersetzt werden.

Entfernen Sie die Blütenblätter und die grünen Hüllblätter außen von den Sonnenblumen, um die Basis des Blütenkopfes freizulegen. Stellen Sie den Blütenkopf senkrecht auf, um die vielen kleinen Röhrenblüten wegzuschneiden, entfernen Sie dabei nur das Gelbe und lassen Sie das Fleisch stehen. Schneiden Sie den Stiel ab.

Geben Sie etwas Öl in eine Pfanne mit hohem Rand oder einen schweren Topf und erhitzen Sie es bei mittlerer Hitze. Geben Sie die Zwiebeln, den Salbei und eine Prise Salz hinein und schwitzen Sie alles an, bis die Zwiebeln weich sind. Fügen Sie nun die Blütenköpfe mit dem »Gesicht« nach unten hinzu und lassen Sie sie für 5 Minuten mitbraten. Wenden Sie sie dann und löffeln Sie die Zwiebeln auf die Köpfe, gießen Sie die Brühe (oder das Wasser) hinzu, legen Sie den Deckel auf, reduzieren Sie die Hitze und lassen Sie die Sonnenblumenköpfe für ungefähr 40 Minuten schmoren, bis sie weich sind. Servieren Sie sie warm, mit Räuchersalz abgeschmeckt oder mit Wojape beträufelt. Garnieren Sie das Gericht mit gerösteten Sonnenblumenkernen.

GERÖSTETER KÜRBIS MIT AHORNAROMA

Wagmú Čhaŋháŋpi Tiktíča Akáštaŋpi
ergibt 4–6 Portionen

Wissenswert:
Sie können die Kürbiskerne aufheben und rösten, um Speisen damit zu garnieren.

Diese einfache Zubereitungsmethode für Kürbis geht schnell und ist einfach. Servieren Sie die Scheiben auf Salat, lassen Sie sie auf Suppen schwimmen oder häufen Sie sie auf Mais- oder Wildreisküchlein oder Bohnenbratlinge.

1 mittelgroßer Kürbis, z. B. Butternut oder Eichelkürbis (knapp 1 Kilo)
2 bis 3 EL Sonnenblumenöl
grobes Salz
1 Prise Sumach
2 bis 3 EL Ahornsirup
6 frittierte Salbeiblätter (Seite 65)
geröstete Kürbis- oder Sonnenblumenkerne (Seite 201) zum Dekorieren

Halbieren Sie den Kürbis der Länge nach. Entfernen Sie die Kerne und schneiden Sie das Fleisch von oben bis unten in dünne, gut ½ Zentimeter dicke Scheiben. Bestreichen Sie diese mit ein wenig Öl und bestreuen Sie sie mit Salz und dem Sumach.

Erhitzen Sie eine Grillplatte oder eine schwere Pfanne und fetten Sie sie mit dem Öl ein. Rösten Sie die Kürbis-Scheiben, bis sie schön braun sind, ungefähr 5 bis 10 Minuten pro Seite. Bestreichen Sie sie mit dem Ahornsirup. Streuen Sie noch etwas vom groben Salz darüber, garnieren Sie das Ganze mit den frittierten Salbeiblättern und den gerösteten Kernen.

Gerösteter Kürbis mit Ahornaroma

GETE OKOSOMIN – BIG OLD SQUASH

Das Volk der Miami schenkte einst einem Stammesangehörigen der Menominee Samen von einem riesengroßen orangefarbenen Kürbis. Dieser bewahrte sie auf und gab sie an Gärtnerinnen der Mahikan, der Oneida und der Ojibwe weiter. Winona LaDuke hat diesem Kürbis aus längst vergangener Zeit den Namen »Big Old Squash« (»der große Ur-Kürbis«) gegeben (auch »Happy Traveling Seed Squash« – »Kürbis der glückreichen Wandersamen«) – man geht davon aus, dass es tausend Jahre her ist, dass es ihn gab. Dank einem sorgsamen und bedachten Umgang, den Gärtnerinnen und Gärtner über Generationen hinweg mit den Samen gepflegt haben, konnten diese durch von Hunger und Krieg geprägte Jahrhunderte bis heute überleben. Vorfahren nähten die kleinen kostbaren Samen in ihre Kleidung ein, als sie den Pfad der Tränen (»Trail of Tears«) gingen.

Dörren von Kürbisscheiben auf Spießen bei den Hidatsa in North Dakota um 1916

KÜRBISSE

Die Kürbisse, die heutzutage im Handel sind, stammen von diesem ikonischen Nahrungsmittel ab. Über die Jahre wurden sie mit Sorten aus anderen Regionen und unterschiedlichen Teilen der Welt gekreuzt. Es gibt die sogenannten Sommerkürbisse mit weicher Schale, die früh geerntet werden und recht bald verarbeitet werden müssen (wie z. B. Zucchini oder Pattison) und die meist hartschaligen, oft lange lagerbaren Herbst- oder Winterkürbisse. Hier ist eine Liste gängiger Sorten mit einigen Hinweisen, wie Sie diese am besten verwenden:

Kabocha
Nussig, erdig und leicht süß. Passt sehr gut zu Salbei.

Butternut
Leicht zu verarbeiten, süß und köstlich in Kombination mit Pilzen.

Carnival, Delicata und Sweet Dumpling (Patidou)
Klein, delikat im Geschmack und süß.

Zuckerkürbis
Auch als »Pie-Pumpkin« bekannt, weil er von Natur aus süß schmeckt und sich bestens für Desserts und Snacks eignet.

Spaghetti-Kürbis
Wie der Name schon sagt, ähnelt sein faseriges Fleisch Spaghetti, wenn man es kocht. Neutral im Geschmack.

Blue Hubbard
Eine schon ältere Sorte, sehr groß und silberblau. Sein festes, mild schmeckendes Fleisch eignet sich gut zum Grillen und lässt sich dann gut für Salate nutzen.

Hokkaidokürbis »Red Kuri«
Weich und rund, kastanienartiger Geschmack.

Buttercup
Milde im Geschmack, festes Fleisch, eignet sich gut für herzhafte Gerichte.

Eichelkürbis (Acorn Squash)
Eine alte Sorte, mild – und passt toll zu Wildkräutern und grünem Wildgemüse.

MIT ZEDER GESCHMORTE BOHNEN

Ȟaŋté Apé úŋ Omníča Lolóbyapi
ergibt 150 bis 190 Gramm

Ein kleiner Zweig der Zeder verleiht diesen Bohnen ein besonderes Aroma, regt die Verdauung an und stärkt das Immunsystem. Wir machen jede Woche eine Riesenportion, die wir dann für eine ganze Reihe von Gerichten benutzen – Appetizer, Suppen und Vorspeisen. Der erste Schritt ist, die Bohnen einzuweichen, bevor man sie kocht. Damit halbiert man die Garzeit. (Sie können die Mengenangaben bei diesem Rezept problemlos einfach verdoppeln oder verdreifachen.)

Wir verwenden am liebsten eine Mischung aus alten Bohnensorten, um verschiedene Farben, Texturen und Aromen zu haben. Da die Kochzeiten der Bohnensorten variieren, kochen wir sie separat und mengen sie dann nach Bedarf ganz am Schluss einer Suppe, warmen Hauptmahlzeit oder

Mit Zeder geschmorte Bohnen (der Sorte Arikara, Hidatsa Shield und Black Turtle)

Wichtiger Hinweis zur Zeder, Seite 24

Mehr zu Hülsenfrüchten, Seite 76/77

einem Salat bei. Denken Sie daran, das Kochwasser der Bohnen nicht wegzugießen, sondern später für eine Brühe zu verwenden, wenn sie Suppen oder Eintöpfe kochen.

150 g getrocknete Bohnen
700 ml kaltes Wasser
Ein 12 bis 15 cm langer Zweig von der Zeder oder eines essbaren einheimischen Nadelbaums
Salz und frisch zerstoßene Wacholderbeeren nach Belieben

Geben Sie die Bohnen in einen großen Topf oder eine große Schüssel und bedecken Sie sie etwa 7 bis 8 Zentimeter hoch mit Wasser. Lassen Sie sie mindestens sechs Stunden lang oder über Nacht quellen. Gießen Sie die Bohnen dann ab und geben Sie sie in einen mittelgroßen Topf oder Suppentopf.

Fügen Sie das kalte Wasser hinzu und legen Sie den Zedernzweig auf die Bohnen. Bringen Sie den Inhalt bei hoher Temperatur zum Kochen. Lassen Sie das Ganze dann zugedeckt köcheln, bis die Bohnen ganz weich sind. Sie können nach etwa 25 Minuten anfangen, das zu testen. Nehmen Sie den Topf dann von der Kochstelle und entfernen sie den Zweig. Richten Sie die Bohnen gleich an oder bewahren Sie sie zur weiteren Verwendung in einem verschlossenen Behälter im Kühlschrank auf, wo sie sich mehrere Tage halten. Sie können sie auch einfrieren.

Für **Bohnen mit Ahornsirup** rühren Sie 1 bis 2 Esslöffel Ahornsirup unter die Bohnen, bevor Sie sie von der Kochstelle nehmen.

Für einen **Bohnenbrei** geben Sie die Bohnen zusammen mit ein wenig Kochflüssigkeit in eine große Schüssel. Pürieren Sie sie mit Hilfe eines Pürierstabs, einer Küchenmaschine oder eines Mixers zu einem dicken Brei. Würzen Sie mit Salz und zerstoßenen Wacholderbeeren.

KNUSPRIGE BOHNENBRATLINGE

Omníča Ağúyapi Saksáka
ergibt 4–6 Portionen

Servieren Sie diese Bratlinge als ersten Gang auf Wildkräutern und wildem Blattgemüse oder formen Sie daraus kleine Bällchen für Finger Food. Sie sind perfekt als Appetizer oder als Snack.

Mehr zu Maismehl,
Seite 22 und 84

240 g abgetropfte gekochte Bohnen (oder Bohnen aus der Dose)
1 bis 2 TL kleingeschnittener Salbei
1 Entenei
40 g gehackte Wilde Zwiebeln oder Schalotten
1 Prise Salz
1 Prise zerstoßene Wacholderbeeren
25 g Maismehl plus 1 EL zum abschließenden Bestäuben
3 bis 4 EL Sonnenblumenöl
1 Prise Sumach

Heizen Sie den Backofen auf 120 Grad vor. Verarbeiten Sie alle Zutaten in einer Küchenmaschine mit Mixmesser aus Stahl zu einem groben Teig. Formen Sie mit angefeuchteten Händen kleine, etwa 1 ½ Zentimeter dicke Bratlinge oder Bällchen aus der Mixtur. Bestäuben Sie sie auf beiden Seiten mit Mehl und stellen Sie sie beiseite.

Geben Sie ein wenig Öl in eine Pfanne und erhitzen Sie sie bei mittlerer Temperatur. Braten Sie die Bratlinge in mehreren Etappen ungefähr 5 bis 7 Minuten von beiden Seiten, bis sie eine goldbraune Farbe angenommen haben. Nehmen Sie sie dann heraus und halten Sie sie auf einem Backblech im Ofen warm.

DREI-SCHWESTERN-MISCHUNG

Wagmíza na Omníča na Wagmú Pat̆áŋpi
ergibt 4–6 Portionen

Mehr zu Mais,
Seite 83–85

Mehr zu Kürbissen,
Seite 71

Eine leicht zuzubereitende Beilage, mit der sich gut Reste verwerten lassen. Kann man gut zu Braten oder Fisch servieren oder als Grundlage für ein pochiertes Ei oder Spiegelei bei einem Brunch.

1 bis 2 EL Sonnenblumenöl
1 Wilde Zwiebel oder 1 große Schalotte, gewürfelt
1 Zucchini oder ein anderer Sommerkürbis, in 2,5 cm große Stücke geschnitten
170 g mit Zeder geschmorte Bohnen (Seite 72)
165 g Zuckermais
80 g gekochter Hominy-Mais
2 EL Ahornsirup
2 TL kleingeschnittener Salbei
1 EL kleingeschnittene Minze
1 große Prise Räuchersalz (Seite 45)

Geben Sie das Öl in eine große Pfanne und erhitzen Sie sie bei mittlerer Temperatur. Dünsten Sie die Zwiebel oder Schalottenwürfel darin etwa 3 bis 5 Minuten, bis sie weich sind. Fügen Sie die Zucchini hinzu und lassen Sie alles weiter unter häufigem Rühren kochen, bis die Zucchini weich sind (etwa 5 Minuten). Rühren Sie dann die Bohnen, den Zuckermais und den Hominy-Mais hinein und kochen Sie es weitere 5 Minuten lang, bis der Mais hellgelb und zart ist. Zuletzt werden Ahornsirup, Salbei und Minze hinzugegeben. Schmecken Sie das Gericht mit dem Räuchersalz ab. Servieren Sie es warm oder lauwarm.

Drei-Schwestern-Mischung

Creme aus Räucherfisch und weißen Bohnen, knusprig gegrillte Haut von der geräucherten Heringsmaräne, schwarze Bohnen und Navy-Bohnen, Sommerportulak

CREME AUS RÄUCHERFISCH UND WEISSEN BOHNEN

Hogan Ašótkaziyapi na Omníča Ská Iyúltȟuŋ
ergibt ca. 300 g

Diese Creme macht sich toll als Aufstrich auf unseren Amarant-Crackern (Seite 96) oder richtig dick auf Maiskuchen (Seite 87) oder Wildreisküchlein (Seite 99) gestrichen. Sie dient auch als Füllung für Gefüllte Kürbisblüten (Seite 64).

240 g geräucherte Maräne oder Regenbogenforelle, in kleine Stücke gezupft
80 g mit Zeder geschmorte Bohnen (Seite 72, mit weißen Bohnen)
2 EL Sonnenblumenöl
1 Prise Sumach
1 Prise Ahornzucker (oder brauner Zucker)

Füllen Sie den Fisch, die Bohnen und das Öl in eine Küchenmaschine oder einen Mixer mit Stahlmesser und pürieren Sie das Ganze zu einer nicht ganz glatten, recht festen Creme. Schmecken Sie diese mit Sumach und Ahornzucker ab.

TOPINAMBUR

Topinambur ist eine kuriose Knolle, die einst von den amerikanischen Ureinwohnern den spanischen Entdeckungsreisenden gezeigt wurde, woraufhin diese sie dann nach Europa mitnahmen, wo die Pflanze seither kultiviert und als etwas Besonderes gepflegt wird. Der Topinambur wird manchmal auch als Jerusalemartischocke bezeichnet, kommt aber weder aus Jerusalem, noch gehört er zu den Artischocken. Eine Erklärung für diese Namensgebung ist die, dass die Puritaner in dem Glauben lebten, sie seien im »Neuen Jerusalem« gelandet, und die Pflanze, nachdem sie sie dort in großer Menge vorfanden, nach den Artischocken benannten, von denen sie meinten, sie wüchsen in Jerusalem.

Die Knollen werden, wenn man sie röstet, weich und samtig und haben einen leicht nussigen Geschmack. Sie schmecken köstlich, wenn man sie einfach bloß andünstet oder auch als Beilage gedämpft serviert. Topinambur ist kinderleicht zuzubereiten. Man braucht die Knollen nicht zu schälen, auch wenn die erdfarbene Schale rauh und knorzelig aussieht, ist sie nicht hart. Wir bürsten sie bloß gut unter kaltem Wasser ab, um sie von Dreck und Sand zu befreien. Schneiden Sie die Knollen vor dem Kochen nicht auf, denn sie nehmen sonst einen unschönen Grauton an.

Topinambur kann man problemlos »überwintern«. Wenn wir ihn im Herbst ernten, lassen wir immer ein bisschen was in der Erde, damit sich die enthaltene Stärke nach dem Winter, wenn es getaut hat, umwandeln und so eine leicht süße Note annehmen kann.

Auf der Grillplatte zubereiteter Topinambur

Roher Topinambur

Zuckermais

Wird frisch direkt vom Kolben gegessen, nachdem dieser kurz gekocht, gegrillt oder gebraten wurde. Die Maiskörner sind süß und zart. Er kann aber auch getrocknet und dann für Suppen und Eintöpfe verwendet werden.

Hartmais

Ist nach der harten Schutzschicht benannt, die das weiche Endosperm umgibt, das weniger Stärke enthält als Stärke- oder Zahnmais. Es gibt ihn in verschiedenen Farben, in Weiß und Gelb und verschiedenen Rottönen. Ist die beste Maissorte für Popcorn.

Stärkemais

Mandan Bride ist eine Bio-Sorte, von der es heißt, die in North Dakota lebenden Mandan hätten sie gezüchtet. Sie wird inzwischen wieder angebaut, um den Mais anschließend zu Mehl zu mahlen. Aus den schimmernden und gemaserten Körnern wird ein vielfarbiger Maisgrieß gewonnen, der ein frisches Aroma wie direkt am Kolben hat und aus dem sich eine duftende Polenta oder ein schmackhaftes Maisbrot herstellen lässt. Die heutigen Maisbauern machen den Mais lagerfähig, indem sie die Hüllblätter entfernen und ihn dann auf Gestellen trocknen, bevor er in trockenen, kühlen Schobern gelagert wird. Die Kolben werden dann entkernt, bevor die Körner gemahlen werden.

Getrockneter Mais

Obwohl jeder Mais zu Lagerzwecken getrocknet oder zu Mehl oder Maisgrieß zermahlen werden kann, wird hierfür bevorzugt Zahnmais oder Stärkemais verwendet. Dessen Haut ist weich und quillt in Suppe oder Eintöpfen schnell auf, ohne dass man die Körner vorher lange einweichen müsste. Das Mehl dieses Maises ist weicher als das aus Hartmais gewonnene.

Hominy

Für dieses Grundnahrungsmittel der Native Americans wird ein Verfahren namens Nixtamalisation genutzt, mit dem bei getrocknetem Hartmais die harte Schale entfernt wird, um weichere Maiskörner zu erhalten. Diese Methode ist wohl vor 3500 Jahren im alten Mesoamerika (Mexiko und Zentralamerika) entstanden und hat sich mit der Maiskultur nach Norden, über Nordamerika bis nach Kanada, und nach Süden über Südamerika verbreitet. Das Produkt ist in den Vereinigten Staaten unter der Bezeichnung Hominy bekannt, und wenn Hominy gemahlen wird, entsteht sogenannter Maisschrot *(grits)*. Zermahlen wird Hominy zu einer feuchten Mehlpaste, auch *masa* genannt.
Zur Zubereitung von ungemahlenen Hominy-Maiskörnern finden Sie einen Hinweis auf Seite 66.

Zermahlener Mais

Für die Nixtamalisation ist es notwendig, getrocknete Maiskörner für einige Stunden in einer Lauge aus Wasser und Holzasche zu köcheln, bis die Körner weich sind. Sie werden dann abgespült und getrocknet, sodass man sie lagern oder zermahlen kann. Wenn man Hominy zu einem feinen Pulver oder Mehl zermahlt, entsteht ein weicher Teig, mit dem sich auf dem Grill Fladen wie etwa Tortilla-Fladen herstellen lassen.

Es ist erstaunlich, dass die First People um die Vorteile der Nixtamalisation wussten. Das Verfahren erhöht die Bioverfügbarkeit des im Mais enthaltenen Proteins und Niacins und reduziert die oft in von Schimmel befallenem Mais auftretenden Giftstoffe beträchtlich. Außerdem sorgt sie mit dafür, dass das Maiskorn nicht keimt. Es hat eine gewisse Ironie, dass das Verfahren der Nixtamalisation nicht zusammen mit dem Getreide nach Europa und von dort aus in weitere Länder transportiert wurde, denn die Europäer hatten das Mahlen und Enthülsen bereits mechanisiert. Ohne die Nixtamalisation ist Mais aber viel weniger nährreich, und so kam es in vielen Regionen, wo Mais bald zur Hauptnahrungsquelle wurde, zu Mangelernährung. Im 19. Jahrhundert sind aus Frankreich, Italien und Ägypten Pellagra-Epidemien verzeichnet, und in Teilen Afrikas trat Kwashiorkor auf. Die indigene Bevölkerung von Nord- und Südamerika kannte dank der Nixtamalisation derartige Krankheiten nicht. Im Gegenteil, sie war bemerkenswert gesund und kräftig.

Mais wird mit Asche vermischt

EINFACHE MAISKUCHEN MIT VERSCHIEDENEN TOPPINGS

Wagmíza Ağúyabskuyela
ergibt 4–6 Portionen

Mehr zu Mais,
Seite 83–85

Als wir die Speisekarte für den Tatanka-Truck entworfen haben, wollten wir es unbeschwert, unprätentiös, gesund – und Spaß sollte es machen. Wir haben also den Indian Taco neu entworfen, mit authentischen Zutaten – den indigenen Taco. Als Basis dient ein gebratener Maiskuchen, wie eine gebratene Polentaschnitte, der mit lokal verfügbaren Zutaten belegt wird, etwa mit Walleye, geräuchertem Truthahn, mit Zeder geschmortem Bison oder geröstetem Kürbis. Der einfache Maiskuchen wird aus Maisgrieß hergestellt, der nach dem Abkühlen zu einem Bratling geformt und auf einer heißen flachen Oberfläche – flachen Steinen, einer Grillplatte auf dem heimischen Grill (oder in einer entsprechenden Grillpfanne) – gebraten wird, genau so, wie es viele Natives jahrhundertelang auch gemacht haben.

Dieses einfache, unkomplizierte Rezept können Sie auf unendlich viele Weisen abwandeln. Rühren Sie frischen Mais, Kräuter, Trockenfleisch, Beeren, Ahorn, Körner, Nüsse oder Pilze in die Grießmasse. Den gekochten Maisbrei kann man für mindestens eine Woche im Kühlschrank aufbewahren und jederzeit bei Bedarf Kuchen fürs Frühstück, Mittagessen, für Appetizer und Snacks daraus formen.

3 Tassen Wasser (700 ml)
1 große Prise Salz
1 Tasse Polenta oder groben Maisgrieß (150 g)
1 bis 2 EL Sonnenblumen- oder Nussöl

Bringen Sie in einem großen Topf bei hoher Temperatur das Wasser mit dem Salz zum Kochen und rühren Sie dann den Maisgrieß in einem langsamen, stetigen Strahl ein. Rühren Sie weiter, damit sich keine Klumpen bilden. Reduzieren Sie die Hitze. Lassen Sie den Inhalt unter gelegentlichem Rühren für 30 bis 40 Minuten leicht köcheln, bis er zu einem Brei eingedickt ist und aromatisch nach Mais duftet. Nehmen Sie den Topf von der Kochstelle und warten Sie, bis der Inhalt so weit abgekühlt ist, dass er weiterverarbeitet werden kann.

Maiskuchen mit verschiedenen Zutaten

Formen Sie den gekochten Maisgrieß zu 2,5 cm hohen Bratlingen mit etwa 10 cm Durchmesser. Geben Sie Öl in eine Pfanne und erhitzen Sie sie bei mittlerer Temperatur. Braten Sie die Maiskuchen, bis sie schön braun sind, erst 5 bis 10 Minuten auf einer Seite, dann wenden und die andere Seite braten. Achten Sie darauf, dass sie durchgegart sind. Legen Sie sie nun auf ein Backblech und halten Sie sie im Ofen warm, bis sie serviert werden. Richten Sie sie mit einem oder mehreren der folgenden Toppings an:

- Wildkräuter-Pesto (Seite 60)
- Mit Zeder geschmortes Bison (Seite 158)
- Geräucherte Maräne oder Forelle (Seite 124)
- Gedörrtes Kaninchenfleisch (Seite 152)
- Ofengemüse mit Ahorn und Salbei (Seite 82)
- Himbeer-Hagebutten-Sauce (Seite 182)
- Mit Ahornbeize geräucherter Truthahn (Seite 148)
- Creme aus Räucherfisch und weißen Bohnen (Seite 80)
- Wojape (Seite 37)
- Gepuffter Wildreis (Seite 39)
- Gerösteter Kürbis mit Ahornaroma (Seite 69)

BLAUE MAISKUCHEN-VARIANTE

Mit der Asche von etwas verbranntem Wacholder können Sie dem Maisgrieß eine dunkle Indigofarbe und einen verführerisch rauchigen Geschmack verleihen. Verrühren Sie einfach ½ Tasse Wacholder-Asche mit ½ Tasse Wasser und verwenden Sie entsprechend weniger Wasser als Zutat für das Rezept auf Seite 87.

Mehr zu Kulinarischer Asche, Seite 44

HOMINY-KÜCHLEIN

Pašláyapi Ağúyabskuyela
ergibt 4–6 Portionen

Mehr zu Mais,
Seite 83–85

Manchmal machen wir die Maiskuchen aus Hominy statt aus Maisgrieß. Weil Hominy nixtamalisiert ist, hat der Mais einen leicht anderen Geschmack, eher nach Mais-Tortillas. Mit diesen Küchlein können Sie wunderbar übriggebliebenen Hominy-Mais oder Hominy-Maisbrei aufbrauchen.

Um sie herzustellen, benutzen Sie einfach die Reste von Hominy-Maisgrießbrei oder *Southern Grits* anstelle des üblichen Maisgrießes.

Die Küchlein schmecken köstlich mit Streifen geräucherten Enten- oder Fasanenfleischs (Seite 144) und Wojape (Seite 37).

Hominy-Küchlein mit Apfelchips und geräuchertem Fleisch

TEOSINTE

Teosinte, eine in Mexiko und Zentralamerika heimische Wildgrasart, ist die Urform der prallen goldenen Maiskolben, die wir heute essen. Die schmalen Ähren der Teosinte bilden lediglich ein Dutzend Kerne aus, die dem Reis ähneln und von einer harten Schale umhüllt sind. Ursprünglich aus dem zentralen Tal des Rio Balsas im tropischen Südmexiko stammend, das als die Wiege der Mais-Evolution bezeichnet werden kann, glaubt man heute zu wissen, dass die Kultivierung dieses Wildgrases zum Mais vor ungefähr 9000 Jahren dort ihren Ausgang nahm.

Wir müssen uns vergegenwärtigen, was für fähige Bauern das damals waren. Es gelang ihnen, dieses Wildgras zu einer äußerst ergiebigen, leicht zu erntenden Nutzpflanze zu machen. Der Prozess der Domestizierung ging wahrscheinlich in mehreren Stufen vor sich, in denen die Pflanze durch selektive Züchtung immer weiter angepasst wurde. Diesen frühzeitlichen Indigenen ist die Entwicklung des Maises zuzuschreiben, der heute ungefähr 21 Prozent der weltweiten menschlichen Nahrungsmittelversorgung ausmacht. Die menschliche Zivilisation verdankt dieser Pflanze und den ersten Menschen, die sie kultivierten, sehr viel.

Tesosinte ist heute als Saatgut für den Garten erhältlich, und online werden verschiedene Sorten angeboten. In der Sioux-Chef-Küche verarbeiten wir Teosinte so, dass wir die Körner erst rösten, dann zu einem Mehl vermahlen und damit Cracker machen. Sie können dazu das Rezept für Amarant-Cracker auf Seite 96 nehmen.

Teosinte-Körner

KNEEL-DOWN-BROT

Čhaŋkpémakȟagle Ağúyapi
ergibt 12 Brote

Mehr zu Mais,
Seite 83–85

Dieses Rezept stammt von Chefkoch Brian Yazzie, der der Navajo Nation angehört. Wir sind uns begegnet, als er gerade dabei war, seine Kochausbildung am St. Paul Technical College abzuschließen, und jetzt ist er ein unschätzbar wichtiges Mitglied unseres Teams. Kneel-down-Brot ist eine Familientradition. Einfach, nahrhaft und schön anzuschauen, ähnelt es einer Tamale, wird aber mit frischem Mais gemacht und traditionell in einem Erdofen oder über heißer Kohle gebacken.

Der Name stammt von der Haltung, in der die Navajo-Frauen früher auf dem Boden die Maiskörner zu einem dicken Teig zerrieben haben. Es wird traditionell in einer mit Holz befeuerten Erdgrube, die als Ofen dient, gebacken, in der Hüllblätter von Maiskolben über rotglühende Asche gelegt und dann mit Lehm bedeckt werden, der die Hitze über Nacht während des Backens hält.

In unserer Küche behelfen wir uns, statt den Mais zu zerreiben, mit einer Küchenmaschine und backen das Brot in einem Ofen bei mittlerer Hitze. Sie können in diesem schlichten Essen die Generationen von glücklichen Erinnerungen spüren, die damit verbunden sind. Es ist ein Ausweis der Kraft der Überlieferung indigenen Essens.

12 Kolben frischer Mais oder Hartmais (mit den Blättern oder alternativ getrocknete Maisblätter)
3 EL Sonnenblumenöl
1 Prise Salz
1 Prise zerstoßener Wacholder

Entfernen Sie die Lieschblätter von den Maiskolben. Heben Sie sie auf, in sie wird das Brot später eingewickelt. Schneiden Sie mit einem scharfen Messer die Körner vom Kolben. Stellen Sie danach die Kolben einzeln senkrecht in eine große Schüssel und schaben Sie sie mit der Rückseite eines Messers ab, um die Maismilch in der Schüssel aufzufangen. Geben Sie die Körner zusammen mit der Maismilch in eine Küchenmaschine mit einem Mixmesser aus Stahl und zermahlen Sie beides zu einer breiigen Masse. Fügen Sie esslöffelweise das Öl hinzu und, falls der Teig zu fest wird, ein wenig Wasser, bis Sie einen festen Teig erhalten.

Teilen Sie die Mixtur in zwölf gleiche Portionen. Legen Sie die Maisblätter mit der gerundeten Außenseite nach unten auf die Arbeitsplatte und füllen Sie mit einem Löffel den Maisteig in die einzelnen Blätter. Binden Sie dann beide Enden mithilfe von Blattstreifen so zu, dass die Füllung umschlossen ist. Knicken Sie das gefüllte Blatt vorsichtig in der Mitte und binden Sie die die beiden Enden zusammen. Binden Sie dann einen weiteren Blattstreifen um die Mitte herum. Legen Sie das gefüllte Blatt nun auf ein Backblech und backen Sie es etwa 1 Stunde lang, bis der Inhalt bei Berührung fest ist. Servieren Sie das Brot noch warm. Es hält sich im Kühlschrank bis zu fünf Tage lang. Erhitzen Sie das Brot noch einmal, bevor Sie es servieren.

TAMALES NACH SIOUX-CHEF-ART

Wagmíza Čhoǧíŋ Opémnišpaŋ
ergibt ungefähr 12 Stück

Wissenswert:
Maishüllblätter (auch Lieschblätter genannt) findet man in getrockneter Form – meist unter dem Namen »Maisblätter für Tamales« – im Spezialitätenhandel und gut sortierten Supermärkten.

Mehr zu Mais,
Seite 83–85

Oft werden sie mit Mexiko assoziiert, doch findet man Tamales in allen Regionen Amerikas, in denen Mais angebaut wird. Wir füllen sie mit geräuchertem Wildbret und Fisch oder mit Bisonbraten und verschiedenen Bohnen. Sie lassen sich gut einfrieren, machen Sie also einfach ein paar mehr, damit Sie einen Vorrat haben.

12 bis 16 getrocknete Maishüllbätter
100 g Masa oder Maismehl
120 bis 140 ml Wasser
3 EL Sonnenblumenöl
200 g zerkleinertes Bisonbratenfleisch (Seite 158) oder Räucherentenfleisch (Seite 144)
1 große Prise getrocknete Wilde Bergamotte oder Oregano

Um die getrockneten Maishüllblätter einzuweichen, geben Sie sie in eine Schüssel und bedecken Sie sie mit Wasser. Legen Sie einen Teller obenauf, damit die Blätter unter Wasser bleiben, und lassen Sie das Ganze ungefähr 4 Stunden bis einen Tag lang stehen, bis die Blätter weich sind.

Vermischen Sie in einer mittelgroßen Schüssel das Maismehl mit dem Wasser und dem Öl, sodass ein weicher, aber fester Teig entsteht.
Legen Sie einen Dämpfeinsatz in einen passenden Topf und befüllen Sie den Topf ungefähr 5 cm hoch mit Wasser. Bedecken Sie den Boden des Dämpfeinsatzes mit einigen der eingeweichten Maishüllblätter. Breiten Sie 2 große Blätter auf einer Arbeitsfläche aus und streichen Sie je 1 bis 2 Esslöffel Maismehl-Teig in die Mitte, wobei zum schmalen Ende der Blätter hin 5 bis 7,5 cm frei bleiben sollten. Geben Sie nun mit einem Löffel das zerkleinerte Fleisch auf den Teig. Falten Sie die Seiten der Blätter um die Füllung herum und klappen Sie das Blatt am schmalen Ende nach oben. Binden Sie es mit einem aus einem anderen Blatt gerissenen langen Maisblattstreifen außenherum fest, lassen Sie dabei aber das breite Ende der Tamale offen (schnüren Sie es also nicht zu). Stellen Sie die Tamales aufrecht mit der offenen Seite nach oben in den Dämpfeinsatz. Wiederholen Sie die Vorgaben mit den anderen Maisblättern.

Bringen Sie anschließend das Wasser bei großer Hitze zum Kochen. Reduzieren Sie dann die Temperatur, sodass das Wasser nur noch köchelt, und dämpfen Sie die Tamales, bis sich der Teig fest anfühlt und sich leicht vom Blatt lösen lässt. Dies dauert etwa 45 bis 60 Minuten. Füllen Sie heißes Wasser nach, falls nötig. Servieren Sie die Tamales heiß.

MAISBREI NACH ALTHERGEBRACHTER ART MIT POCHIERTEM EI

Wagmíza Yužápi na Wítka Lolóbyapi
ergibt 4 Portionen

Enteneier eignen sich für dieses Rezept am besten, weil ihr charakteristischer Geschmack wunderbar zu dem cremigen goldenen Brei passt. Wenn Sie jedoch keine bekommen können, nehmen Sie extragroße Eier von freilaufenden Hühnern.

Mehr zu Mais,
Seite 83–85

Wissenswert:
Um Enteneier zu pochieren, bringen Sie einen kleinen Topf mit Wasser leicht zum Kochen. Rühren Sie das leicht kochende Wasser kräftig, sodass ein Strudel entsteht und lassen Sie dann nacheinander vorsichtig zwei aufgeschlagene Enteneier direkt ins Wasser gleiten. Pochieren Sie sie je nachdem, wie weich oder hart Sie sie haben möchten, für 2 bis 3 Minuten, und nehmen Sie sie dann mit einem Schaumlöffel heraus. Sofort servieren.

Dieses Gericht ist besonders weich und cremig und schmeckt frisch und intensiv nach Mais. Geben Sie Heidelbeeren, entweder frische oder getrocknete, darüber, Ahornsirup oder – noch besser – ein pochiertes Entenei. Sie benötigen für dieses Rezept einen Topf mit schwerem Boden und einen stabilen Schneebesen. Falls Reste übrigbleiben, schmecken diese fantastisch, wenn sie daraus kleine Bratlinge formen und sie in der Pfanne braten.

1 Tasse feiner oder grober Maisgrieß (Polenta, etwa 150 g)
4 Tassen Wasser (950 ml)
1 Prise Salz
4 Enteneier

Geben Sie den Maisgrieß und das Wasser in einen Topf mit schwerem Boden. Bringen Sie das Ganze unter stetigem Rühren bei mittlerer Temperatur zum Kochen und lassen Sie es unter weiterem Rühren etwa 5 Minuten köcheln. Reduzieren Sie dann die Hitze, sodass es nur noch ganz leicht köchelt. Lassen Sie es für etwa 40 bis 45 Minuten weiter vor sich hinköcheln, wobei Sie, während der Brei langsam andickt, gelegentlich rühren. Der Brei sollte eine so feste Konsistenz haben, dass er schwer vom Löffel tropft, aber trotzdem noch fließt und nicht festklebt. Rühren Sie das Salz ein. Nehmen Sie den Topf vom Feuer. Gießen Sie den Maisbrei in Schüsselchen und servieren Sie ihn mit einem pochierten Ei oder mit Ahornsirup oder Honig darauf.

Maisbrei nach althergebrachter Art mit pochiertem Ei

AMARANT-CRACKER

Wah̆pé Yatȟápi Iyéčheča Itká Ağúyapi Sáka
ergibt ungefähr 24 Stück

Der einzig wichtige Trick bei diesen Crackern ist, dass man das Getreide lang genug einweichen lassen muss, damit daraus ein guter, fester Teig wird. Der Teig hält sich abgedeckt im Kühlschrank mehrere Wochen lang. Machen Sie eine große Portion davon im Voraus und backen Sie dann die Woche über immer wieder frische Cracker.
Je länger man sie backt, desto knuspriger werden sie. Zum Trocknen der Cracker eignet sich ein Dörrgerät sehr gut. Die Cracker sind leicht und knusprig und glutenfrei. Sie sind toll als Appetizer und als Snack oder als Beigabe zu Suppen und Salaten.

Mehr zu Amarant,
Seite 100

1 Tasse Amarant (ca. 190 g)
3 Tassen Wasser (700 ml)
1 Prise Salz
1 EL Sonnenblumenöl

Bringen Sie den Amarant und das Wasser in einem mittelgroßen Topf auf hoher Flamme zum Kochen. Reduzieren Sie dann die Hitze und lassen Sie den Amarant so lange köcheln, bis er klebrig ist und sich eine dicke Masse bildet. Rühren Sie nun das Salz und das Sonnenblumenöl hinein und lassen Sie alles dann abkühlen.

Heizen Sie den Ofen auf 150 Grad vor. Legen Sie ein Backblech mit Backpapier aus, das Sie leicht einfetten – oder verwenden Sie eine Backmatte aus Silikon. Portionieren Sie mithilfe eines Teelöffels kleine Teighäufchen auf das Backblech. Drücken Sie sie mit der Hand flach, sodass sie so dünn wie möglich werden und etwa 0,3 cm hoch sind. Schieben Sie das Blech für ungefähr 1 Stunde in den Backofen, bis die Cracker fest sind. Lassen Sie sie vollständig auskühlen, bevor Sie sie vom Blech nehmen.

Alternativ können Sie mit den Händen kleine Portionen formen und in einen Dörrapparat geben. Dehydrieren Sie die Cracker, bis sie ganz knusprig sind.

Amarant-Cracker mit Creme aus Räucherfisch und weißen Bohnen

WILDREISKÜCHLEIN

Psíŋ Ağúyapi Sáka na Hoğáŋwičhašašni Ašótkaziyapi nakúŋ Wahpé Skúya Yužápi
ergibt etwa 4–6 Küchlein

Mehr zu Wildreis,
Seite 115 / 116

Bei diesen Küchlein wissen wir, dass auf sie allzeit Verlass ist: fürs Frühstück, als Snack und als Einlage in eine kräftige Bison- oder Entenbouillon. Besonders gut schmecken sie, wenn darauf geräucherter Fisch zusammen mit unserer frischen zitronigen Sauerampfersauce (Seite 100) serviert wird.

Das Rezept für sie könnte einfacher nicht sein. Man nimmt schlicht zu lange gekochten Wildreis, den man zu einer dicken Teigmasse püriert. Wir rühren dann gerne noch ein wenig gekochten Wildreis für den richtigen Biss hinein. Nachdem Sie die Küchlein geformt haben, halten sie sich mehrere Tage lang im Kühlschrank – machen Sie sie also ruhig schon, bevor Sie sie tatsächlich brauchen. Reste werden wieder knusprig, wenn man sie im Ofen bei niedriger Temperatur noch mal aufwärmt.

330 g gekochter Wildreis (Seite 117)
etwa 700 ml Wasser
1 Prise Salz
1 große Prise Ahornzucker (oder brauner Zucker)
3 bis 4 EL Sonnenblumenöl (oder bei Bedarf auch mehr)

Geben Sie 250 Gramm (etwa drei Viertel) des gekochten Wildreises zusammen mit dem Wasser in einen Topf – der Rest wird erst später verwendet. Bringen Sie den Topfinhalt bei hoher Temperatur zum Kochen, reduzieren Sie die Temperatur dann so weit, dass er nur noch köchelt. Kochen Sie den Reis so lange, bis er sehr weich ist und das Wasser verdampft ist. Gießen Sie den Reis ab. Pürieren Sie den Reis in einer Küchenmaschine, sodass Sie einen klebrigen Teig erhalten. Arbeiten Sie anschließend in einer mittelgroßen Schüssel das Salz, den Zucker und den übrigbehaltenen gekochten Reis in den Teig ein.

Formen Sie aus dem Teig nun vier bis sechs kreisförmige Küchlein, die knapp 1,5 cm dick sind. Erhitzen Sie das Öl in einer schweren Pfanne und braten Sie die Küchlein für etwa 5 bis 8 Minuten pro Seite, bis sie leicht braun sind. Legen Sie sie dann auf ein Backblech und halten Sie sie im Ofen warm, bis sie serviert werden sollen.

Wildreisküchlein, Maiskuchen, geröstete Kastanien, Brombeer-Sauce

WILDREISKÜCHLEIN

Psíŋ Ağúyapi Sáka na Hoğáŋwičhašašni Ašótkaziyapi nakúŋ Waȟpé Skúya Yužápi
ergibt etwa 4–6 Küchlein

Mehr zu Wildreis,
Seite 115/116

Bei diesen Küchlein wissen wir, dass auf sie allzeit Verlass ist: fürs Frühstück, als Snack und als Einlage in eine kräftige Bison- oder Entenbouillon. Besonders gut schmecken sie, wenn darauf geräucherter Fisch zusammen mit unserer frischen zitronigen Sauerampfersauce (Seite 100) serviert wird.

Das Rezept für sie könnte einfacher nicht sein. Man nimmt schlicht zu lange gekochten Wildreis, den man zu einer dicken Teigmasse püriert. Wir rühren dann gerne noch ein wenig gekochten Wildreis für den richtigen Biss hinein. Nachdem Sie die Küchlein geformt haben, halten sie sich mehrere Tage lang im Kühlschrank – machen Sie sie also ruhig schon, bevor Sie sie tatsächlich brauchen. Reste werden wieder knusprig, wenn man sie im Ofen bei niedriger Temperatur noch mal aufwärmt.

330 g gekochter Wildreis (Seite 117)
etwa 700 ml Wasser
1 Prise Salz
1 große Prise Ahornzucker (oder brauner Zucker)
3 bis 4 EL Sonnenblumenöl (oder bei Bedarf auch mehr)

Geben Sie 250 Gramm (etwa drei Viertel) des gekochten Wildreises zusammen mit dem Wasser in einen Topf – der Rest wird erst später verwendet. Bringen Sie den Topfinhalt bei hoher Temperatur zum Kochen, reduzieren Sie die Temperatur dann so weit, dass er nur noch köchelt. Kochen Sie den Reis so lange, bis er sehr weich ist und das Wasser verdampft ist. Gießen Sie den Reis ab. Pürieren Sie den Reis in einer Küchenmaschine, sodass Sie einen klebrigen Teig erhalten. Arbeiten Sie anschließend in einer mittelgroßen Schüssel das Salz, den Zucker und den übrigbehaltenen gekochten Reis in den Teig ein.

Formen Sie aus dem Teig nun vier bis sechs kreisförmige Küchlein, die knapp 1,5 cm dick sind. Erhitzen Sie das Öl in einer schweren Pfanne und braten Sie die Küchlein für etwa 5 bis 8 Minuten pro Seite, bis sie leicht braun sind. Legen Sie sie dann auf ein Backblech und halten Sie sie im Ofen warm, bis sie serviert werden sollen.

Wildreisküchlein, Maiskuchen, geröstete Kastanien, Brombeer-Sauce

SAUERAMPFER-SAUCE

Wahpé Skúya Yužápi
ergibt etwa 1 Tasse (200 Gramm)

Diese frische, säuerliche Sauce schmeckt köstlich zu Wildreisküchlein (Seite 99), Maiskuchen (Seite 87) und allen Arten von gegrilltem Fleisch sowie in der Pfanne gebratenem Fisch. Sie können sie auch kurz vor dem Servieren dekorativ in Suppen hineinwirbeln.

2 Wilde Zwiebeln oder Schalotten
2 EL Sonnenblumenöl
120 g gehackter Sauerampfer
Sumach nach Belieben
Räuchersalz (Seite 45) nach Belieben

Vermixen Sie in einer Küchenmaschine mit Stahlmesser die Zwiebeln, das Öl und den Sauerampfer. Schmecken Sie die Sauce mit Sumach und Räuchersalz ab.

AMARANT

Wo wir hinschauen, wächst Amarant mit seinen leicht rotvioletten Blättern – am Straßenrand, auf aufgegebenen Äckern und überall in der Prärie. Auch »Fuchsschwanz« genannt, wurde Amarant erstmals von den Azteken angebaut, vor über 8000 Jahren. Heute ist er als glutenfreies, proteinreiches »Getreide« sehr beliebt. Seine Blätter benutzen wir in Sommersalaten und Pfannengerichten, und sobald der Herbst einzieht, werden die Samenkörner mit ihrem kräftigen, nussigen Geschmack und ihrem hohen Betacarotin-, Eisen- und Kalziumgehalt zum Hauptbestandteil unserer beliebten Cracker und Kekse. Amarant finden Sie mittlerweile in jedem gut sortierten Supermarkt.

SOMMERLICHE GEMÜSESUPPE MIT WILDKRÄUTERN

Blokétu Wathótho Wahánpi
ergibt 4–6 Portionen

Mehr zu Wildkräutern,
Seite 61–63

Mehr zu Ramp-Lauch,
Seite 39

Diese Suppe ist am ersten Tag leicht und klar und wird einen oder zwei Tage später kräftiger, wenn sich die Aromen vermischt haben und sie durch die Stärke aus dem Gemüse gebunden und sämiger wird. Löwenzahnblätter oder Brunnenkresse eignen sich als frische, pfeffrige Garnitur.

1 EL Sonnenblumenöl
2 TL kleingeschnittener Salbei
2 TL kleingeschnittene Minze
40 g gehackte Wilde Zwiebeln oder Ramp-Lauch
2 Zucchini oder andere Sommerkürbisse, in 5 cm lange Stifte geschnitten
330 g Maiskörner
180 g grüne Bohnen, in etwa 2,5 cm lange Stücke geschnitten
1 kleine Süßkartoffel, in 2,5 cm lange Stücke geschnitten
1,5 bis 2 l Mais- oder Bohnenbrühe (Seite 33), bei Bedarf auch mehr
170 g mit Zeder geschmorte Bohnen (Seite 72)
Salz nach Belieben
60 g kleingehackte Löwenzahnblätter oder Brunnenkresse zum Garnieren

Geben Sie das Öl in einen schweren Topf und erhitzen Sie ihn bei mittlerer Temperatur. Dünsten Sie darin den Salbei, die Minze und die Zwiebeln an, bis die Zwiebeln glasig sind. Fügen Sie die Zucchini, den Mais, die grünen Bohnen und die Süßkartoffelstücke zusammen mit der Brühe hinzu und lassen Sie alles zusammen ungefähr 10 bis 15 Minuten auf niedriger Flamme köcheln, bis das Gemüse weich ist. Geben Sie dann die geschmorten Bohnen hinzu und lassen Sie die Suppe noch so lange weiterkochen, bis diese mit erhitzt sind. Geben Sie je nach Geschmack noch Salz und mehr Kräuter dazu.

Servieren Sie die Suppe mit den Löwenzahnblättern oder der Brunnenkresse garniert.

MISSOURI RIVER POZOLE

Mníšoše Makȟóčhe Pašláyapi Waháŋpi
ergibt 4–6 Portionen

Diese herzhafte Suppe wird idealerweise mit dem indigenen Seneca-White-Hominy-Mais aus dem White-Earth-Reservat im nördlichen Minnesota zubereitet. Diese historische Maissorte hat doppelt so viel Protein und nur halb so viele Kalorien wie Zuckermais und steht für die lange Tradition gesunder Nahrungsmittel bei uns im North Country.

Mehr zu Mais, Seite 83–85

Mehr zu Kürbissen, Seite 71

330 g Hominy-Mais, über Nacht eingeweicht
1 kleiner Butternut-Kürbis, geschält, entkernt und in 1,5 cm große Stücke geschnitten
1 EL kleingeschnittener Salbei
1 bis 1,5 l Maisbrühe (Seite 33) oder Wasser
25 g Masa oder in 120 ml Wasser eingerührtes Maismehl
1 EL Ahornsirup (oder auch mehr, je nach Geschmack)
Salz nach Belieben
gepuffter Wildreis zum Garnieren (Seite 39)

Geben Sie den eingeweichten Hominy-Mais, den Kürbis, den Salbei und die Brühe in einen großen Suppentopf und bringen Sie alles bei mittlerer Hitze zum Kochen. Reduzieren Sie dann die Temperatur und lassen Sie den Topfinhalt ungefähr 20 Minuten lang mit halb verschlossenem Topfdeckel köcheln, bis der Kürbis zart und der Mais gar ist. Rühren Sie dann langsam das Masa oder das mit Wasser vermischte Maismehl ein und lassen Sie das Ganze weiter köcheln, bis die Suppe eindickt. Schmecken Sie sie nach Belieben mit dem Ahornsirup und Salz ab. Servieren Sie sie mit gepufftem Wildreis garniert.

KRÄFTIGE SUPPE MIT PILZEN, SÜSSKARTOFFEL UND BOHNEN

Čhaŋnákpa na Bló Skúya na Omníča Waháŋpi
ergibt 4–6 Portionen

Eine wärmende Suppe, die kräftig genug ist, um eine volle Mahlzeit abzugeben, wenn sie mit Maiskuchen (Seite 87) oder Wildreisküchlein (Seite 99) serviert wird.

Mehr zu Wildkräutern,
Seite 61–63

Mehr zu Ramp-Lauch,
Seite 39

2 EL Sonnenblumenöl
150 g gehackte Wilde Zwiebeln oder Ramp-Lauch
225 g frische Pilze, in Scheiben geschnitten
2 TL kleingeschnittener Salbei
270 g in 1,5 cm große Würfel geschnittene Süßkartoffeln
1,5 bis 2 l Maisbrühe oder Entenfond (Seite 33), bei Bedarf auch mehr
170 g mit Zeder geschmorte Bohnen (Seite 72), oder abgetropfte Bohnen aus der Dose
Salz nach Belieben
1 Prise Sumach nach Belieben
Brunnenkresse oder Microgreens zum Garnieren

Erhitzen Sie das Öl in einem großen Suppentopf bei mittlerer Temperatur und dünsten Sie darin die Zwiebeln und die Pilze an, bis die Pilze nach etwa 10 Minuten ihre Flüssigkeit abgegeben haben und gebräunt sind. Rühren Sie den Salbei und die Süßkartoffeln sowie die Brühe hinein. Bringen Sie alles zum Kochen, reduzieren Sie dann die Temperatur und setzen Sie den Deckel auf den Topf. Lassen Sie die Suppe für etwa 15 Minuten köcheln, bis die Süßkartoffeln weich sind. Fügen Sie dann die Bohnen hinzu. Würzen Sie mit Salz und Sumach und kochen Sie alles noch so lange weiter, bis auch die Bohnen durcherhitzt sind. Servieren Sie die Suppe mit der Brunnenkresse oder den Microgreens garniert.

Kräftige Suppe mit Pilzen, Süßkartoffel und Bohnen

FISCHKOPFSUPPE MIT WILDREIS

Hoğáŋ Pȟá na Psíŋ Waháŋpi
ergibt 4–6 Portionen

Mehr zu Wildreis,
Seite 115/116

Um die Suppe ein bisschen spektakulärer darzureichen, arrangieren Sie die einzelnen Komponenten in der Schüssel und gießen dann die Brühe darüber. Beim Servieren geben Sie getrocknete Apfelringe als Garnitur dazu.

Diese Suppe kann auch mit einem Fischfilet statt der Fischköpfe gekocht werden, allerdings entgeht Ihnen dann das auch sensorisch reizvolle besondere Geschmackserlebnis, das die Fischköpfe bereithalten – dichte, feste Bäckchen, das Knorpelgewebe, das der Suppe Reichhaltigkeit verleiht, und die fetthaltigen Augen, durch die die Suppe zu dem gehaltvollen Gericht wird, das es ist. Wir haben noch etwas geräucherten Fisch beigefügt, um den Geschmack weiter zu intensivieren.

Sie können jeden Fisch nehmen, den Sie wollen, solange er groß und fleischig ist. Die Zubereitung ist einfach und geht recht schnell, und die Brühe, die dabei entsteht, hat ein deutliches Fischaroma, das aber nicht allzu aufdringlich ist. Die Gäste am Tisch werden nicht lange brauchen, um zu verstehen, wie sie an die delikaten Teile des Fischkopfes herankommen – wenn es Ihnen aber lieber ist, können Sie das Fleisch auch gleich nach dem Kochen ablösen und in der Suppe servieren.

2 bis 3 EL Sonnenblumenöl oder Entenschmalz (Seite 137)
75 g gehackte Wilde Zwiebeln oder Lauch
1 EL kleingeschnittener Salbei
1 EL kleingeschnittene Minze
3 bis 4 Köpfe von Süßwasserfischen (Forelle, Zander, Hecht oder Maräne)
2 EL Ahornsirup (oder nach Belieben auch mehr)
1 bis 1,5 l Wasser
125 g zerkleinertes Fleisch vom Räucherfisch
250 g gekochter Wildreis
Salz
Sumach

Erhitzen Sie das Öl bei mittlerer Temperatur in einem großen Suppentopf. Dünsten Sie darin die Zwiebeln, den Salbei und die Minze für etwa 5 Minuten an, bis die Zwiebeln weich sind. Fügen Sie nun die Fischköpfe, den Ahornsirup und genügend Wasser hinzu, dass alles ungefähr 7 bis 8 cm hoch bedeckt ist. Bringen Sie den Topfinhalt zum Kochen, dann reduzieren Sie die Hitze, damit alles nur noch sanft köchelt, und lassen es für etwa 35 Minuten garen.

Rühren Sie den Wildreis und den Räucherfisch in die Suppe und schmecken Sie sie nach Belieben mit mehr Ahornsirup, Salz und Sumach ab. Servieren Sie sie sofort.

WEISSE-BOHNEN-UND-KÜRBIS-SUPPE

Omníča Ská na Wagmú Waháŋpi
ergibt 4–6 Portionen

Für diese Suppe können Sie jede Bohnensorte (Seite 76 ff.) nehmen, oder auch verschiedene Sorten mischen.

Mehr zu Mais, Seite 83–85

Wichtiger Hinweis zur Zeder, Seite 24

1 EL Sonnenblumenöl
75 g Wilde Zwiebeln oder Lauch
1,5 bis 2 l Mais- oder Bohnenbrühe (Seite 33)
360 g Kürbis, in 2,5 cm große Würfel geschnitten
1 ganz kleiner Zweig Zeder
2 TL kleingeschnittener Salbei
340 g mit Zeder geschmorte Bohnen (Seite 72)
165 g gekochter Hominy-Mais
Salz nach Belieben
Sumach nach Belieben
8 frische oder getrocknete Apfelscheiben (Seite 41) als Garnierung

Geben Sie das Öl in einen schweren Suppentopf und erhitzen Sie es auf mittlerer Flamme. Schwitzen Sie die Zwiebeln an, etwa 5 Minuten lang, bis sie glasig sind. Fügen Sie die Brühe, den Kürbis und den kleinen Zweig der Zeder hinzu und kochen Sie das Ganze auf ganz kleiner Flamme, bis der Kürbis gerade eben weich wird. Geben Sie nun den Salbei, die Bohnen und den Hominy-Mais dazu und würzen Sie mit Salz und Sumach. Lassen Sie das Ganze weiterkochen, bis auch Bohnen und Hominy durcherhitzt sind. Nehmen Sie den Zweig aus dem Essen, bevor Sie es servieren, und garnieren Sie es mit den Apfelscheiben.

SUPPE AUS GERÄUCHERTEM TRUTHAHN UND EICHELN

Waglékšuŋ Asótkaziyapi na Úta Waháŋpi
ergibt 4–6 Portionen

Mehr zu Ramp-Lauch,
Seite 39

Die Geheimzutat dieser wärmenden Suppe ist das Eichelmehl. Es verleiht ihr einen nussigen Geschmack und bindet sie zugleich. Wenn Sie kein Eichelmehl erhalten können, rühren Sie dieselbe Menge geriebene Haselnüsse oder Maismehl hinein.

2 bis 3 geräucherte Truthahnkeulen
1,2 bis 1,4 l Wasser
75 g gehackter Ramp-Lauch oder Lauch
50 g Eichelmehl (Seite 31) oder Maismehl oder geriebene Haselnüsse
Ahornzucker (oder brauner Zucker) nach Belieben
Salz nach Belieben

Legen Sie die Truthahnkeulen in einen großen Suppentopf und füllen Sie so viel Wasser auf, dass sie ungefähr 5 cm hoch bedeckt sind. Bringen Sie den Inhalt bei hoher Temperatur zum Kochen, reduzieren Sie dann die Hitze und lassen Sie das Fleisch köcheln, bis es so weich ist, dass es vom Knochen fällt – das dauert ungefähr 20 bis 30 Minuten. Nehmen Sie die Truthahnkeulen aus der Brühe und lösen Sie das Fleisch von den Knochen. Die Knochen werden nicht mehr gebraucht. Geben Sie das Fleisch nun wieder in die Brühe zurück und fügen Sie den Lauch hinzu. Rühren Sie das Mehl ein und köcheln Sie das Ganze bei niedriger Hitze, bis die Suppe andickt. Schmecken Sie sie dann mit Ahornzucker und Salz ab.

Suppe aus geräuchertem Truthahn und Eicheln

KÜRBIS-SUPPE MIT APFEL UND CRANBERRY-SAUCE

Wagmú na Tȟaspáŋ Waháŋpi nakúŋ Watȟókeča T'áǧa Yužápi
ergibt 4–6 Portionen

Eine reichhaltige, geschmacksstarke Suppe, die sahnig ist, ohne Sahne zu enthalten. Wir verwenden die kleinen, säuerlich-herben Wildäpfel, die in Gärten und an Feldrändern wachsen.

2 EL Sonnenblumenöl
1 Wilde Zwiebel, gewürfelt, oder 15 g fein gewürfelte Schalotten
900 g Kürbis ohne Kerne und Schale, in 2,5 cm große Stücke geschnitten
1 saurer Apfel, ohne Kernhaus und in Würfel geschnitten
235 ml Apfelsaft
700 ml Maisbrühe (Seite 33) oder Gemüsebrühe
1 EL Ahornsirup oder beliebig mehr
Salz nach Belieben
Sumach nach Belieben
Cranberry-Sauce (Seite 146) oder frisch gehackte Cranberrys zum Garnieren

Erhitzen Sie das Öl in einem tiefen, schweren Topf bei mittlerer Hitze und schwitzen Sie darin Zwiebeln, Kürbis- und Apfelstücke an, bis die Zwiebeln glasig sind (etwa nach 5 Minuten). Gießen Sie den Apfelsaft und die Brühe hinein und bringen Sie das Ganze zum Kochen. Reduzieren Sie dann die Temperatur und lassen Sie alles etwa 20 Minuten lang köcheln, bis der Kürbis sehr weich ist. Pürieren Sie dann mit einem Stabmixer oder portionsweise in einem Küchenmixgerät die Suppe (und geben Sie sie ggf. in den Topf zurück, um sie nochmals aufzuwärmen). Schmecken Sie die Suppe mit Ahornsirup, Salz und Sumach ab. Servieren Sie sie mit einem Klecks Cranberry-Sauce.

Kürbis-Suppe mit Cranberry-Sauce

SUPPE AUS SCHWARZEN BOHNEN UND YUCA MIT WÄRMENDEN GEWÜRZEN

Omníča Sápa na Hupȟéstola Hutkȟáŋ Waháŋpi
ergibt 4–5 Portionen

Obwohl man bei der Yuca-Pflanze (auch als Maniok oder Cassava bekannt) eigentlich an Mexiko denkt, gibt es doch einige Yuca-Sorten, die auch weiter nördlich, bis nach Kanada hin, vorkommen. Eine davon produziert einen süßen Nektar. Bei diesem Rezept hier kochen wir stärkehaltige Stücke der Yuca-Wurzel zusammen mit erdig schmeckenden Schwarzen Bohnen und würzen das Ganze mit etwas scharfem Chili, um einen kräftigen wärmenden Eintopf zu erhalten.

1 TL Sonnenblumenöl
1 Wilde Zwiebel oder Lauch, fein gewürfelt
1 bis 2 frische Chilischoten, ohne Kerne und fein gehackt
400 g geschälte und in Würfel geschnittene Yucawurzel (Maniok)
165 g eingeweichter Hominy-Mais
1,5 bis 2 l Maisbrühe (Seite 33) oder Gemüsebrühe
1 EL gehackter frischer Oregano (oder 1 TL getrockneter)
170 g gekochte Schwarze Bohnen oder abgetropfte Bohnen aus der Dose
2 EL Agavendicksaft nach Belieben
Räuchersalz (Seite 45) nach Belieben

Erhitzen Sie das Öl in einem hohen, schweren Suppentopf bei mittlerer Temperatur und geben Sie die Zwiebeln, Chili und Yuca hinein. Lassen Sie sie unter ständigem Rühren für etwa 5 bis 8 Minuten garen. Fügen Sie dann den Hominy-Mais, die Brühe und den Oregano hinzu. Bringen Sie den Topfinhalt bei hoher Temperatur zum Kochen, bevor Sie die Hitze herunterstellen und alles für 10 bis 15 Minuten köcheln lassen, bis die Yuca und der Mais weich sind. Rühren Sie jetzt die Schwarzen Bohnen ein und schmecken Sie die Suppe mit dem Agavendicksaft und Räuchersalz ab.

Eine wärmende Suppe, die kräftig genug ist, um eine volle Mahlzeit abzugeben, wenn sie mit Maiskuchen (Seite 87) oder Wildreisküchlein (Seite 99) serviert wird.

Mehr zu Mais,
Seite 83–85

Yuca (Maniok) enthält sehr viel Stärke und hat einen charakteristischen Geschmack. Wenn nötig, können Sie die Knolle durch Kartoffeln, Topinambur oder Wurzeln der Großen Klette *(Arctium lappa)* ersetzen.

WOZUPI—EINE INDIGENE FARM DER MDEWAKANTON IN MINNESOTA

Wir beziehen fast alle unsere Zutaten von Lieferanten, die selbst Native Americans sind – eine Verpflichtung, die uns dank der Arbeit all derer, die sich unsere kulinarische Kultur wieder zurückerobern, zunehmend leichter gemacht wird. Wozupi, 2010 von Mdewakanton in der Nähe von Shakopee, Minnesota, gegründet, baut eine unglaublich große Auswahl von Amerikas ältesten Gemüse- und Obstarten und -sorten für den Verkauf an – hier findet man Cherokee-Bohnen, Potawatomi-Limabohnen, Oneida-Mais, den gelben Arikara-Kürbis, Hidatsa Shield Beans, die Kürbissorte Lakota, den Gete Okosomin (Seite 70), Ahornsirup und Ahornzucker, Honig mit der Virginischen Traubenkirsche, wilde Pflaumen, Äpfel, Aprikosen, Felsenbirnen und Holzäpfel. Darüber hinaus bietet Wozupi seinen Mitgliedern die Möglichkeit, an der Tribal Supported Agriculture (TSA) – einem Konzept Solidarischer Landwirtschaft – zu partizipieren, um frisches, gesundes Essen regional zu produzieren und Gärtnerei- und Kochkurse für Kinder durchzuführen.

Kürbissamen der Sorten Lakota und Hubbard

PRÄRIEN UND SEEN

An meinem siebten Geburtstag bekam ich mein erstes Gewehr. Es war ein strahlender Sommermorgen, und ich saß auf den Stufen, die zu unserer Veranda führten, und schaute den Traktoren zu, die mit ihren Anhängern den gemähten Klee zu Ballen pressten – der Geruch hat sich als Sommererinnerung auf ewig in mein Gehirn gebrannt. Ich war an diesem Morgen allein zu Hause, als plötzlich mein Großvater mit seinem alten Pick-up angefahren kam, einem Chevy Cheyenne aus den späten Siebzigerjahren, dem man die Jahre auf der Viehranch deutlich ansah und der nach den Gräsern der Prärie und nach Mist roch. Mein Großvater muss damals schon über siebzig gewesen sein. Er und seine Geschwister hatten der ersten Generation von Schülern angehört, die die kulturelle »Reformation« in der Pine Ridge Reservation zu durchlaufen hatten. Man zwang sie, eine christliche Schule zu besuchen und sich die Haare abzuschneiden, und es war ihnen verboten, ihre eigene Sprache zu sprechen. Alle meine Großeltern sprachen fließend Lakota als ihre Muttersprache. Der Vater meines Großvaters war mit den Oglala auf den Plains großgeworden, und als er etwa achtzehn Jahre alt war, hatte er an der Schlacht am Little Bighorn teilgenommen (unter den Lakota als »Schlacht am Greasy Grass« bekannt). Nicht lange nach dieser Schlacht und unmittelbar nach dem Massaker von Wounded Knee wurden die meisten Mitglieder der Lakota zusammengetrieben und gegen ihren Willen der Pine Ridge Agency unterstellt. Mein Großvater und seine Frau hatten im Reservat zunächst in einer abgelegenen Gegend in den Badlands von South Dakota gelebt, doch während des Zweiten Weltkriegs reklamierte die U. S. Air Force ihr Wohngebiet als Bombenabwurf-Testgelände für die neugegründete Ellsworth Air Force Base in der Nähe von Rapid City. Auch mein Urgroßvater musste damals noch einmal umsiedeln, zu der Ranch, die noch heute im Besitz meiner Familie ist.

Mein Urgroßvater um 1878

In meiner Erinnerung an diesen sonnigen Sommermorgen stieg mein Großvater aus dem Truck und kam zu mir rübergelaufen. Er hatte eine lange Pappschachtel der Firma Sears dabei und fragte mich, ob meine Mom da wäre. Ich verneinte, und er sagte, er hätte mir was gekauft. Er gab mir den Karton, und als ich ihn aufmachte, war es ein Gewehr im Kaliber .410, perfekt für ein dürres Kind wie mich. Ich hatte schon mit meinem Dad gelernt, wie man mit einer Kaliber .22 Flaschen von der

Kühlerhaube eines Wagens schießt. Später an diesem Tag, gegen Abend, fuhren wir an den Bäumen entlang, die das Grasland säumten, und hielten Ausschau nach Fasanen und Schweifhühnern. Ich erlegte sieben Vögel und half dann, sie küchenfertig zu machen. Mit der Zeit wurde ich ein ziemlich guter Gewehrschütze, auch weil ich so jung damit angefangen hatte, aber wenn ich an diese erste Zeit zurückdenke, erinnere ich mich daran, dass ich nach Ausflügen immer sehr viele Kugeln aus den Fasanen für unser Essen herausholen musste.

Die Sommer meiner Kindheit bestanden aus langen, staubigen und heißen Tagen, und meine Cousins und ich waren die ganze Zeit mit einer Schicht Dreck überzogen, weil wir so viel wie möglich draußen waren. Wenn der Hochsommer erreicht war, wurde die Prärierübe erntereif und wir quetschten uns alle hinten in den Truck meines Vaters. Mit heruntergekurbelten Fenstern holperten wir in der sengenden Hitze über die trockenen Wiesen, ohne irgendwelchen Straßen zu folgen. (Der einzige Wagen, der eine Klimaanlage hatte, war der Caddy von meinem Großvater.) Mein Vater hatte ein Gespür dafür, wo die Pflanzen wuchsen, er entdeckte sie immer als Erster, und sobald das geschehen war, entdeckten auch wir selbst viele weitere um uns herum. In einer alten Geschichte, die sich die Lakota erzählen, weist die Prärierübe, deren Blätter mit ihren fünf Fingern wie kleine Hände aussehen, mit dem Finger immer auf die nächste, und so suchten wir ein Exemplar nach dem anderen auf. Wir gruben nur solche Rüben aus, die bereits ihre Samen verstreut hatten, und achteten auch darauf, immer welche im Boden zu lassen.

Die Prärierübe (Timpsula)

Auf diese Weise stellten wir sicher, dass die Prärierübe im folgenden Jahr wiederkam. Nachdem die Pflanze ihre Samen verloren hat, stirbt der obere Teil, bricht ab und wird vom Wind davongetragen. Das Zeitfenster für die Ernte ist demnach recht begrenzt (wie bei allen Nahrungsmitteln aus der Wildnis). Wir verbrachten also den Nachmittag in der brütenden Sonne mit dem Ausgraben dieser Wurzeln, die wir dann hinten auf den Truck warfen. Das dauert und ist sehr anstrengend, aber alle Lakota, die ich kenne, reden voller Respekt von der Prärierübe und finden, dass es die Mühe wert ist, dieses kostbare Nahrungsmittel zu sammeln, zu reinigen und zu lagern.

Im folgenden Kapitel finden Sie unsere Lieblingsgerichte der herzhaften Art, mit Fisch, Wild und Gemüse. Wir zeigen Ihnen, wie wir bestimmte Zutaten räuchern und dörren und wie wir diese althergebrachten Methoden der modernen Küche angepasst haben. Obwohl es heute nicht mehr nötig ist, Essen lange haltbar zu machen, lassen sich auf diesem Weg doch Aromen intensivieren. Mit der Wiederentdeckung des Wissens unserer Ahnen gewinnen diese über lange Zeit hergebrachten und bewährten Techniken jetzt wieder an Beliebtheit.

WILDREIS

Als ich zum ersten Mal Wildreis probiert habe, war dieser von Hand geerntet worden und kam aus der White Earth Reservation in Nord-Minnesota. Ich war überrascht, wie stark er sich von dem auf gefluteten Reisfeldern kultivierten Schwarzen Reis unterscheidet. Er braucht 20 Minuten, bis er gar ist, und schmeckt leicht nussig, röstig, mit einem leichten Anklang von Rauch und Waldaromen und der rauen Härte dieser klaren, kalten Seen. Wildreis ist eigentlich überhaupt kein »Reis«, sondern die Frucht eines Grases, das im Wasser wächst. In der Sprache der Ojibwe wird er *manoomin* genannt, was »gute Beere« oder »gute Saat« heißt, wobei das Wort auch eine tiefere Bedeutung im Sinne von »gut, richtig, in Ordnung« haben kann.

Wildreis ist extrem nährstoffreich, da er doppelt so viel Protein wie normaler Vollkornreis enthält, und er hat viel mehr Vitamine als Weizen, Gerste, Hafer oder Roggen. Echter Wildreis quillt beim Kochen zu etwa dem Vierfachen seiner Größe auf, wodurch er von den frühen Händlern den Namen »Taschengeld« verliehen bekam, als diesen klar wurde, dass bloß eine Handvoll davon eine ganze Menge hungriger Männer sattmachen kann. Die Native Americans haben ihn traditionell auf ganz unterschiedliche Art und Weise zubereitet – geschrotet, gemahlen, als Puffreis, zu Reisbrei für Babys verkocht, als Suppengrundlage für die Älteren und zu lebensspendenden Tees für die Kranken aufgebraut. Es ist das traditionelle Essen schlechthin, das bei allen wichtigen Zeremonien serviert wird, bei Hochzeiten und Beerdigungen sowie bei Geburten, bei all den vielen Völkern, die den Wildreis seit Jahrhunderten schon ernten.

In Ojibwe-Reservaten wird die Zeit der Reisernte *manoominike-giizis* (Wild Ricing Moon) genannt. Die damit verbundenen Traditionen werden bis heute gepflegt, Erntedankfeste zu Ehren des Großen Geistes und der heiligen Natur des Reises. Die Vorstellung, dass die natürliche Wiederaussaat und Ernte des Reises unterbrochen werden könnte, ist für die Ojibwe Anathema. Die Ernte selbst trägt zur erneuten Aussaat des Reises bei, da viele der Körner das Kanu verfehlen und im Wasser landen, und die Ojibwe glauben, dass ein aktives Aussäen des Reises Mutter Erde zuwiderhandeln würde. »Ein jeder Versuch, den Reis auszusäen, wie die Weißen Mais säen, würde den See mit einem

Fluch belegen, und es würde nie wieder Reis darin wachsen«, schrieb Thomas Vennum in seinem Buch *Wild Rice and the Ojibway People*.

Eines frühen Morgens im Herbst bin ich mit einem Freund auf einen See zur Reisernte hinausgefahren, der so still und stumm dalag, dass das Einzige, was man hörte, das Geräusch meiner Reisstöcke war, mit denen ich die Körner abklopfte, die dann in unser Kanu regneten, und ab und zu einen springenden Fisch und das Plätschern des Wassers. Die Zeit stand still. Ich konnte spüren, wie dieses Ritual, diese Rhythmen der Erde durch die Generationen hindurch zu mir hingetragen wurden. In den letzten paar Jahren hat mich meine Suche nach indigenem Essen aus der Wildnis dazu gebracht, die natürliche Welt mit den Augen meiner Vorfahren zu sehen und einen klareren Blick auf das ebenso komplexe wie schöne Geflecht zu entwickeln, in dem Nahrungsmittel, Geschichte und Kultur miteinander verwoben sind. Dieser lebenslange Lernprozess ist unermesslich erfüllend.

Beim Sammeln von Wildreis, circa 1938

Frisch geernteter Reis wird getrocknet, sobald er vom See an Land gebracht ist. Nach althergebrachter Methode wird der Reis auf gewebten Matten, Tierhäuten oder Zeltplanen ausgebreitet, um in der Sonne zu trocknen. Vögel helfen dabei, Reiswürmer und Spinnen herauszupicken, bevor der Reis endgültig in gusseisernen Töpfen über einem Feuer getrocknet oder geröstet wird. Danach wurde traditionell von Männern mit speziellen Mokassins an den Füßen auf dem Reis »getanzt«, um die fest anhaftenden Spelzen von den Reiskörnern abzulösen. Waren diese enthülst, wurde der Wildreis von der Spreu getrennt, indem er auf einer Art großem Tablett aus Birkenrinde immer wieder leicht in die Luft geworfen wurde, sodass der Wind die Spelzen davontragen konnte. Danach konnte der Reis gelagert werden.

Tanz auf dem Wildreis mit speziellen Mokassins

ECHTER WILDREIS

Psíŋ Ikčéka
ergibt 8 Portionen

Weil Wildreis so schnell gar ist und dabei so stark an Volumen gewinnt, haben wir immer welchen griffbereit für verschiedene Salate, Suppen, Eintöpfe und Wildreisküchlein. Auch in gekochter Form ist er mehrere Wochen im Kühlschrank haltbar und lässt sich auch gut einfrieren.

Dies hier ist unser Grundrezept. Wir geben aber auch oft einen Zweig Zeder für den speziellen Geschmack mit in den Topf. Wie bei unseren Wildreisküchlein (Seite 99) lassen wir den Reis absichtlich länger als nötig kochen, wenn wir einen Teig für Pfannkuchen, Fladenbrote, Grillkuchen oder Kekse daraus machen wollen. Außerdem köcheln wir das Kochwasser (die »Reismilch«) ein, um Reispuddings und Sorbet einen intensiveren Geschmack zu geben.

1 Tasse von Hand geernteter Wildreis (etwa 185 g)
4 Tassen Wasser (oder genug, dass es den Reis im Topf etwa zu 5 cm bedeckt)
Salz nach Belieben oder Holzasche

Waschen Sie den Reis gründlich, indem Sie ihn in ein Sieb geben und mit kaltem Wasser spülen, bis dieses klar bleibt. Geben Sie den Wildreis, ausreichend Wasser und Salz in einen großen, schweren Topf und bringen Sie alles zum Kochen. Reduzieren Sie dann die Hitze und lassen Sie den Reis ungefähr 15 bis 20 Minuten köcheln.

Wissenswert:
Aromatisieren Sie das Kochwasser mit einem kleinen Zweig junger Nadelbaumtriebe. Zum Schluss können Sie ein bisschen Wacholdersalz oder Ahornsirup über den Reis streuen beziehungsweise träufeln.

Wichtiger Hinweis zur Zeder, Seite 24

Mehr zu Kulinarischer Asche, Seite 44

TATANKA TRUCK
TATANKA TRUCK
TRADITIONAL
NATIVE AMERICAN
FOODS

BOWL MIT GEBRATENEM WILDREIS (WIE IM TATANKA-TRUCK)

Wakšíča Psíŋ Čheúŋpapi Ožúla
ergibt 4–6 Portionen

Mehr zu Wildreis, Seite 115 / 116

Mehr zu Kürbissen, Seite 71

Mehr zu Ramp-Lauch, Seite 39

Dieses beliebte Gericht von der Karte unseres Tatanka-Trucks macht etwas Köstliches aus gekochtem Reis. Wir brutzeln unser »Dakota Mirepoix« (eine Röstgemüsemischung aus kleingeschnittenem Kürbis, Rüben und Wilden Zwiebeln oder Ramp-Lauch) in der Pfanne, fügen den gekochten Reis hinzu, schmecken das Ganze mit Ahornsirup ab und servieren es mit einer Reihe saisonaler Toppings.

2 EL Sonnenblumenöl
130 g klein gewürfelter Kürbis (im Winter Butternutkürbis, im Sommer Zucchini oder anderer Sommerkürbis)
130 g klein gewürfelte Rübe
150 g gewürfelte frische Wilde Zwiebeln, klein geschnittenen Ramp-Lauch oder Lauch (nur den weißen Teil)
500 g gekochter Wildreis
2 EL Ahornsirup, vermischt mit 80 ml Wasser
Salz nach Belieben

Erhitzen Sie in einer großen Pfanne das Öl bei mittlerer Temperatur und braten Sie den Kürbis, die Rübe und die Zwiebeln oder den Lauch etwa 5 bis 8 Minuten lang an, bis sie weich werden. Fügen Sie den Reis hinzu und lassen Sie ihn für 1 Minute mitkochen, dann schmecken Sie alles mit dem Ahornsirup und mit Salz ab. Servieren Sie dazu eines der folgenden Toppings:

- Gerösteter Kürbis mit Ahornaroma (Seite 69)
- Ofengemüse mit Ahorn und Salbei (Seite 82)
- Mit Ahornbeize geräucherter Truthahn oder andere geräucherte Fleischsorten (Seite 148)
- Sonnenblumensprossen (Seite 38)
- Wojape (Seite 37)

PILAW AUS WILDREIS MIT WILDPILZEN, GERÖSTETEN KASTANIEN UND GETROCKNETEN CRANBERRYS

Psíŋ na Čhaŋnákpa na Úma Čheúŋpapi na Wathókeča T'ága
ergibt 4–6 Portionen

Wildreis ist ein Essen mit viel Aroma, das einen zufrieden macht. Die Pilze bringen dazu eine dunkle, fleischige Note und Konsistenz mit ein, während die Kastanien cremig sind (und voller Proteine stecken). Dieses fleischlose Gericht werden Allesesser wie auch Vegetarier gleichermaßen ansprechend finden. Gekochter Wildreis hält sich im Kühlschrank mehrere Wochen lang und mindestens ein Jahr, wenn man ihn in einer Gefriertüte einfriert.

2 EL Sonnenblumen- oder Walnussöl
450 g gemischte Pilze, gesäubert
1 EL kleingeschnittener Salbei
75 g fein gewürfelte Wilde Zwiebeln oder Schalotten
120 ml Maisbrühe (Seite 33) oder Gemüsebrühe
320 g gekochter Wildreis
75 g getrocknete Cranberrys
130 g geröstete, von der Schale befreite und kleingehackte Kastanien
1 EL Ahornsirup nach Belieben
½ bis 1 TL Räuchersalz (Seite 45) nach Belieben

Erhitzen Sie in einer großen Pfanne das Öl bei mittlerer Hitze und geben Sie die Pilze, den Salbei und die Zwiebeln hinein. Braten Sie alles unter stetigem Rühren etwa 5 Minuten lang an, bis die Pilze schön gebräunt und die Zwiebeln weich sind. Rühren Sie die Brühe, den Wildreis und die Cranberrys mit hinein und kochen Sie das Ganze, bis die Flüssigkeit fast vollständig verdampft ist. Fügen Sie nun noch die gerösteten Kastanien hinzu. Schmecken Sie alles mit dem Ahornsirup und dem Räuchersalz ab.

Mehr zu Wildreis,
Seite 115/116

Mehr zu Kastanien,
Seite 181

Wissenswert:
Um Kastanien zu rösten und von der Schale zu befreien, nehmen Sie ein kleines Messer mit scharfer Spitze und ritzen Sie auf der flachen Seite ein X in die Schale jeder Kastanie. Legen Sie die Kastanien auf ein Backblech. Rösten Sie sie im Ofen bei 180 Grad Celsius – sie sind fertig, wenn sich die Schale an den Einschnitten aufzurollen beginnt. Wie lange das dauert, hängt davon ab, wie frisch und groß die Kastanien sind (etwa 10 bis 25 Minuten). Nehmen Sie das Blech aus dem Ofen, und wenn die Kastanien weit genug abgekühlt sind, dass man sie anfassen kann, schälen Sie sie.

Pilaw aus Wildreis mit Wildpilzen, gerösteten Kastanien und getrockneten Cranberrys

PILZE

In dem Sommer, in dem ich für die Forstbehörde arbeitete, lernte ich viel über Pilze von einem Mitglied unseres Teams, das all die verschiedenen Arten kannte. Wir brachten ihr jeden Tag diverse Exemplare und sie sortierte die essbaren heraus.

Später dann, in Minneapolis, erschienen oft Pilzsammler am Hintereingang unseres Restaurants und boten uns kartonweise Morcheln, Pfifferlinge, Trompeten und Steinpilze an. Überall in den North Woods (und insbesondere auf Madeline Island in Lake Superior) sprießen im Frühjahr, Sommer und Herbst, wenn es geregnet hat, Schwefelporlinge und Trompeten.

TIMPSULA-PUFFER UND MIT ZEDER GESCHMORTE BOHNEN

Thíŋpsila Ağúyapi Sáka na Omníča Lolóbyapi
ergibt 4–6 Portionen

Es gibt nichts, was an den Geschmack der Prärierübe Timpsula wirklich herankommt, aber weil es sich um eine wildwachsende Wurzel handelt, die es nur in der Prärie gibt und die allgemein schwer zu kriegen ist, haben wir hier eine Puffer-Variante kreiert, die mit pürierter Speiserübe und Butternutkürbis gemacht wird. Um eine rundum zufriedenstellende vegetarische Mahlzeit zu bekommen, servieren Sie mit Zeder geschmorte Bohnen und gerösteten Kürbis mit Ahornaroma dazu.

Wichtiger Hinweis zur Zeder, Seite 24

6 Timpsulaknollen, in Stücke geschnitten (oder 4 mittelgroße Rüben und 1 kleiner Butternutkürbis, geschält, entkernt und in Stücke geschnitten)
Wasser (zum Bedecken)
1 kleiner Zedernzweig oder essbare junge Nadelbaumtriebe
1 Prise Salz (nach Belieben)
1 Prise zerstoßene Wacholderbeeren (nach Belieben)
2 bis 3 EL Haselnuss- oder Sonnenblumenöl oder Entenschmalz (Seite 137) – plus ein wenig mehr zum Braten in der Pfanne
170 g mit Zeder geschmorte Bohnen (Seite 72)
200 g gerösteter Kürbis mit Ahornaroma (Seite 69)
70 g geröstete Sonnenblumenkerne (Seite 200)

Geben Sie die Timpsulaknollen (oder die Speiserüben- und Kürbisstücke) zusammen mit dem Zedernzweig in einen großen Topf und füllen Sie so viel Wasser auf, dass alles gerade so bedeckt ist. Stellen Sie den Topf auf den Herd, bringen Sie den Inhalt bei hoher Temperatur zum Kochen und reduzieren Sie dann die Hitze. Kochen Sie das Gemüse für etwa 15 bis 20 Minuten, bis es ganz weich ist. Gießen Sie das Wasser ab und schütten Sie das Gemüse in eine Schüssel. Pürieren Sie es zusammen mit dem Öl und würzen Sie mit Salz und Wacholderbeeren. Wenn das Püree etwas abgekühlt ist, formen Sie daraus runde Bratlinge mit etwa 10 cm Durchmesser und 5 cm Höhe.

Geben Sie etwas Öl in die Pfanne und erhitzen Sie es bei mittlerer Temperatur. Braten Sie die Puffer, bis sie leicht braun und auf beiden Seiten kross sind – ungefähr 5 Minuten pro Seite. Servieren Sie die Puffer zu mit Zeder geschmorten Bohnen und geröstetem Kürbis mit Ahornaroma, und bestreuen Sie sie mit Sonnenblumenkernen.

Timpsula

TIMPSULA (PRÄRIERÜBE)

Die Wurzelknollen der Prärierübe haben eine dicke braune Schale, unter der, wenn man sie entfernt, ein blassweißes Wurzelgemüse von der Größe eines Hühnereis zum Vorschein kommt. Timpsula haben einen ganz speziellen Geschmack – süß und knackig, wenn sie ganz frisch sind, und es heißt, dass das Aroma an ungeröstete Erdnüsse erinnert. Als ich noch ein Kind war, haben wir sie roh gegessen – oder, in Stücke geschnitten, geröstet oder gekocht. Wir haben die Knollen an ihren Strünken zusammengeflochten, um sie aufzuhängen und an der Sonne zu trocknen. Wenn sie getrocknet sind, werden sie zu einem Brei verkocht oder in Form von Timpsula-Chips Suppen beigegeben – oder wir mahlen Mehl daraus, um Speisen damit zu binden oder Brot damit zu backen.

GERÄUCHERTE MARÄNE ODER FORELLE

Hoǧáŋ Ašótkaziyapi
ergibt 4–6 Portionen (als Appetizer mehr)

Wissenswert:
Werfen Sie die Haut des Räucherfischs nicht weg. Sie ist eine köstliche Beigabe zu Suppen, wenn man sie vorher grillt und in Streifen schneidet. Man kann darauf auch geräucherten Fisch, gegrilltes Gemüse, grünes Gemüse und Beeren servieren.

Räucherfisch

Wenn frischer Fisch geräuchert wurde, war früher immer eine ganze Gruppe von Leuten an dieser Aufgabe beteiligt. In Minnesota haben zum Beispiel viele dabei geholfen, den Fisch zu fangen, und noch mehr Leute befanden sich am Ufer und haben geholfen, den Fang sofort zu verarbeiten. Die Fischköpfe und die Gräten wurden entfernt, nur die Schwanzflosse blieb dran, um die beiden Filets zusammenzuhalten. Aus den Fischköpfen und Gräten wurde umgehend eine Suppe gekocht, mit der alle, die mitarbeiteten, verköstigt wurden, und die Fischfilets wurden dann umgeklappt, sodass die Außenseite mit der Haut innen lag. Das Fleisch wurde mehrfach eingeschnitten. Dann hängte man die Fische auf Stöcke und platzierte sie über einem nur schwach brennenden Feuer, das sehr viel Rauch erzeugte. Gelegentlich wurden die Fische gewendet, damit sie gleichmäßig konserviert wurden. Den Fisch sofort zu konservieren, war entscheidend für den Geschmack, und diese Methode der Haltbarmachung begegnet einem noch immer entlang der Westküste der Vereinigten Staaten und bis hinauf nach Alaska, aber auch in Ländern am Nordatlantik wie Island, Grönland und Nordeuropa.

Wir wenden eine modernere Technik an, bei der das Beizen an erster Stelle steht. Achten Sie darauf, dass der Fisch gründlich gesäubert ist, bevor Sie anfangen.

110 g grobes Salz
2 EL Ahornsirup
950 ml Wasser
ca. 900 g Forellen-, Maränen- oder Zanderfilet zu je 85 bis 140 g, ohne Gräten, mit Haut

Vermischen Sie in einem 3,5-Liter-Behälter das Salz, den Ahornsirup und das Wasser, bis das Salz sich vollkommen aufgelöst hat. Legen Sie dann die Fischfilets hinein, sie sollten gänzlich bedeckt sein. Verschließen Sie den Behälter mit einem Deckel und stellen Sie ihn für ungefähr 3 Stunden in den Kühlschrank.

Entnehmen Sie die Fischfilets aus der Salzlake. Spülen Sie sie gründlich ab, tupfen Sie sie trocken und legen Sie sie mit der Hautseite nach unten auf ein Kuchen- oder Abkühlgitter (das Sie am besten auf ein tiefes Backblech stellen, um austretende Flüssigkeit aufzufangen). Lassen Sie den Fisch im Kühlschrank für mindestens 24 Stunden trocknen.

Bringen Sie einen Smoker auf etwas über 70 Grad. Legen Sie die Fische mit der Hautseite auf die Einleggitter. Sie sollen etwa 1–2 cm Abstand haben. Räuchern Sie den Fisch etwa 2 ½ bis 3 Stunden lang. Er sollte nun durch sein und eine dunklere Farbe angenommen haben. Der Fisch hält sich jetzt in einem luftdicht verschlossenen Behälter bis zu einer Woche lang.

Zander mit Wildreis-Kruste

ZANDER MIT WILDREIS-KRUSTE

Hoǧáŋ
ergibt 4–6 Portionen

Mehr zu Wildreis, Seite 115/116

Die Red Lake Nation ist eine Ojibwe-Gemeinschaft im Norden von Minnesota und die Heimat unserer Ethnobiologin Tashia, die unser Team an ihrem Wissen teilhaben lässt. Im Spätherbst 2015 nahmen wir an einer Gipfelkonferenz zum Thema indigene nachhaltige Nahrungsmittel teil, bei der es speziell um die einheimischen historischen Mais-, Bohnen- und Kürbissorten unserer Region ging sowie um den Wildreis, geräucherten Fisch und Wild aus dem Red Lake beziehungsweise der Gegend um Red Lake. Wir beziehen unseren gesamten Fisch – Amerikanischen Zander, Hecht und Heringsmaräne – von der Red Lake Nation Fishery. Die Red-Lake-Community schützt ihre schönen und noch ursprünglichen Wasser, indem sie nachhaltigen Fischfang betreibt.

Um ihre Gäste zu beeindrucken, machen Sie Schmetterlingsfilets (sodass das Fleisch am Rücken noch zusammenhängt und auch der Kopf noch nicht entfernt ist). Verwenden Sie Cranberrys, Apfelschnitze oder Beeren als Garnitur, die kurz mit in die Pfanne geworfen werden, bevor Sie den Fisch servieren. Das Rezept eignet sich auch gut für Forelle.

4 bis 6 Zander- oder Regenbogenforellenfilets (Schmetterlingsfilets)
80 g Wildreismehl (Seite 28) oder fein gemahlener Maisgrieß
1 Prise Räuchersalz (Seite 45)
1 Prise zerstoßene Wacholderbeeren
60 ml Sonnenblumenöl (oder nach Bedarf auch mehr)

Spülen Sie die Filets gründlich ab, entfernen Sie alle Gräten und tupfen Sie sie trocken. Geben Sie das Wildreismehl auf einen flachen Teller und vermischen Sie es mit dem Räuchersalz und dem Wacholder. Panieren Sie die Filets gründlich auf beiden Seiten mit dem gewürzten Mehl.

Erhitzen Sie das Öl bei hoher Temperatur in einer großen Pfanne. Braten Sie die Filets in Portionen (immer nur eines oder zwei zur selben Zeit) etwa 2 bis 4 Minuten pro Seite in dem Öl, bis sie schön knusprig und durchgegart sind. Lassen Sie sie auf Küchenpapier abtropfen und servieren Sie sie dann sofort.

ZANDER AUS DEM RED LAKE – ACHTSAM FISCHEN

Der Amerikanische Zander (oder Walleye) ist ein delikater weißer Fisch mit flockigem, festem Fleisch, der nach den kalten frischen Wassern in Nord-Minnesota schmeckt. Der größte kommerzielle Fischereibetrieb des Staates befindet sich an den Ufern des Red Lake, er wird von der First Nation geführt, die denselben Namen trägt wie der See. Das Red Lake Band of Chippewa ist eine sogenannte *closed reservation,* in der das gesamte Land gemeinschaftlich dem Stamm untersteht. Ojibwe ist die offizielle Sprache. Die Red Lake Nation Fishery verdankt ihren Erfolg der Kooperation von Staat, dem Department of Natural Resources und dem Stamm.

In den 1990er Jahren war es so weit, dass Überfischung die Walleye-Population im Redlake nahezu zum Verschwinden gebracht hatte, und so einigten sich alle Beteiligten im Jahr 1997 darauf, das Fischen für zehn Jahre auszusetzen. Im Verlauf der folgenden sechs Jahre wurden im Zuge massiver Bestanderhaltungsmaßnahmen an die vierzig Millionen Jungfische in den See eingesetzt. Heute ist das Fischen mit Netzen weiterhin untersagt, und es ist das Ziel der Red Lake Nation Fishery, das Aufkommen, das Fangen und den Verkauf der Fische – Walleye, Flussbarsch, Sonnenbarsch, Hecht und Heringsmaräne – auf nachhaltige Weise zu organisieren. Sie verschifft sowohl frischen als auch tiefgekühlten Fisch in praktisch alle Ecken des Landes.

SCHWEIFHUHN MIT CRANBERRY UND SALBEI

Čháŋšiyo nakúŋ Gmá na Phežíȟota Iyúltȟuŋ
ergibt 4 Portionen

Schweifhühner ernähren sich – wie Rebhühner – von wilden Beeren, Nüssen und Körnern. In der Nähe der Regionen Süd-Wisconsins, in denen Cranberrys wachsen, färben diese Wildbeeren das Fleisch der Vögel kräftig rötlich. In unserem Rezept wird das Fleisch, während es im Ofen brät, mit Entenschmalz, Cranberrys und Salbei bestrichen und dadurch zart und aromatisch. Es macht sich gut auf dem Pilaw auf Wildreis von Seite 120.

2 küchenfertige Schweifhühner oder Rebhühner zu je etwa 450 g
grobes Salz
1 saurer Apfel
8 Salbeizweige
25 g Cranberrys
2 EL Ahornsirup
30 g geröstete Walnüsse
120 g Entenschmalz (Seite 137) oder 115 ml Sonnenblumenöl
1 EL kleingeschnittene Salbeiblätter
1 Wilde Zwiebel oder Schalotte, gehackt
Wasser oder Apfelsaft nach Bedarf

Heizen Sie den Ofen auf 180 Grad vor. Waschen Sie die Hühner und tupfen Sie sie mit Küchenpapier trocken. Bestreuen Sie sie innen und außen mit dem groben Salz. Entkernen Sie den Apfel und schneiden Sie ihn in Viertel. Legen Sie je 2 Apfelviertel und 4 Salbeizweige in jedes Huhn.

Kochen Sie die Cranberrys in einer kleinen Pfanne zusammen mit dem Ahornsirup auf niedriger Flamme, bis die Cranberrys nach etwa 3 Minuten aufplatzen. Geben Sie die Beeren und Walnüsse, das Entenschmalz, den kleingeschnittenen Salbei und die gehackte Zwiebel in eine Küchenmaschine und mixen Sie so lange, bis sich alles gut verbunden hat. Arbeiten Sie einen Teil der Mischung unter die Brusthaut der Hühner und reiben Sie sie mit dem Rest außen ein. Legen Sie die beiden mit der Brust nach oben auf ein Grillgitter im Ofen, unter das Sie eine Fettpfanne stellen. Füllen Sie die Fettpfanne ungefähr 5 cm hoch mit Apfelsaft oder mit Wasser. Lassen Sie die Hühner im Ofen braten und begießen Sie sie dabei regelmäßig mit der Flüssigkeit aus der Fettpfanne, bis die beiden Braten schön gebräunt sind und das Fleisch durchgegart ist – ein Fleischthermometer sollte im Schenkel eine Temperatur von knapp 70

Grad anzeigen. Nehmen Sie die Braten aus dem Ofen und lassen Sie sie mindestens 10 Minuten ruhen. Schneiden Sie sie dann auf und beträufeln Sie sie vor dem Servieren mit der Flüssigkeit aus der Fettpfanne.

ROHRKOLBEN

Beim Sammeln von Rohrkolben

Rohrkolben sind immer schon ein wichtiger Grundbestandteil von wild gesammelter Nahrung gewesen. Man findet sie in der ganzen Welt, und alle Teile der Pflanze sind irgendwann im Laufe des Jahres essbar. Man kann sie leicht identifizieren und leicht ernten (vorausgesetzt man hat kein Problem damit, schlammige Füße zu bekommen). Nicht umsonst auch »die Verteidigungslinie am Ufer« genannt, verhindern Rohrkolben Wellenerosion an den Rändern von Flachgewässern und helfen dabei, Schadstoffe aus dem Wasser zu filtern, während sie Blätter und Triebe, Blütenstände und unterirdisch einen Wurzelstock produzieren, die alle gut schmecken. Im Frühjahr, nachdem die Rohrkolben mit dem Wachstum begonnen haben, zeigen sich die grünen Haupttriebe, die von einem dünnen Hüllblatt umgeben sind. Wenn man das abzieht, schmecken die Triebe sowohl angebraten als auch gekocht ganz köstlich. Sobald die Stängel in die Höhe wachsen, können sie geschält und gekocht werden wie Spargel. Später dann lässt sich der Blütenstand (in noch jungem Stadium) kochen und wie ein Mini-Maiskolben essen. Rohrkolben-Pollen macht sich hübsch als goldfarbenes Gewürz. Die »Wurzeln« oder vielmehr Rhizome enthalten viel Stärke und können getrocknet und zu Mehl gemahlen und dann zu Keksen verarbeitet werden, aber das ist eine Menge Arbeit, und um ehrlich zu sein: Ich ziehe die oberen Teile der Pflanze vor.

Ährenstand eines Rohrkolbens

Rohrkolben nehmen Schadstoffe aus dem Wasser auf und speichern diese in den Wurzeln, man muss also aufpassen, wo man sie »erntet«. Informieren Sie sich zuvor über die regionalen Naturschutzgesetze, da einige Arten von Rohrkolben unter Naturschutz stehen.

FASANENBRATEN MIT AHORN UND WACHOLDER

Čhaŋháŋpi Tiktíča na Ȟaŋté úŋ Šiyóša Čheúŋpapi
ergibt 4–6 Portionen

Als ich in der Pine Ridge Reservation groß wurde, waren unsere Gefrierschränke bis obenhin voll mit Fasanen und Schweifhühnern. Dauernd sahen wir welche über die staubige Straße rennen und im trockenen Gebüsch verschwinden. Sie waren ein genauso vertrauter Anblick wie die Rotflügelstärlinge, die immer auf den Zaunpfosten hockten.
Eine über Nacht einwirkende trockene Beize verleiht diesem besonders mageren Vogel Würze und macht ihn zarter und saftiger. Funktioniert auch gut bei Schweifhühnern und Perlhühnern.

2 kleine Fasane
1 EL grobes Salz
2 EL Ahornzucker (oder brauner Zucker)
1 TL Sumach
1 TL zerstoßener Wacholder
60 g Entenschmalz (Seite 137) oder Sonnenblumenöl
100 g frische Cranberrys
120 ml Maisbrühe oder Truthahnfond (Seite 34) oder Gemüsebrühe
3 EL Ahornessig (oder Apfelessig mit etwas Ahornsirup)
2 angebratene Apfelhälften als Garnitur (optional)

Waschen Sie am Tag zuvor die Fasane und tupfen Sie sie mit Küchenpapier trocken. Um sie trocken zu beizen, würzen Sie sie großzügig mit dem Salz, Ahornzucker, Sumach und Wacholder. Bewahren Sie die Fasane ohne Abdeckung in einer Fettpfanne oder auf einem tiefen Teller über Nacht im Kühlschrank auf.

Heizen Sie den Ofen auf 260 Grad vor. Legen Sie die Fasane mit der Brust nach oben in eine mittelgroße Fettpfanne. Arbeiten Sie eine großzügige Menge Entenschmalz unter die Haut der Fasane und reiben Sie sie dann auch außen damit ein. Füllen Sie die Fasane mit der Hälfte der Cranberrys, die restlichen Cranberrys kommen in die Fettpfanne. Gießen Sie die Mais- oder Gemüsebrühe bzw. den Truthahnfond und den Ahornessig hinein. Nun kommt alles für 15 Minuten in den heißen Backofen. Reduzieren Sie danach die Backofentemperatur auf 180 Grad und begießen Sie die Fasane mit der Flüssigkeit aus der Fettpfanne. Lassen Sie die beiden Fasane im Ofen, bis die Haut knusprig ist, die Flüssigkeit in der Pfanne klar bleibt und ein Fleischthermometer im Schenkel knapp 70 Grad anzeigt – das sollte etwa 30 bis 45 Minuten dauern. Nehmen Sie die Fasane

Fasanenbraten mit Ahorn und Wacholder, gegrillter Apfel

dann aus dem Ofen und lassen Sie sie für mindestens 10 Minuten ruhen, bevor Sie sie tranchieren. Träufeln Sie etwas von der Flüssigkeit aus der Fettpfanne über das aufgeschnittene Fleisch, bevor Sie es servieren, und garnieren Sie es mit den angebratenen Apfelhälften.

Für die angebratenen Apfelhälften halbieren Sie den Apfel mit einem waagerechten Schnitt, bestreichen die Schnittflächen mit ein wenig Sonnenblumenöl oder Walnussöl und setzen sie mit der Schnittfläche nach unten für 3 bis 5 Minuten in eine heiße Bratpfanne, bis sie leicht angebraten und gebräunt sind.

SÜSSSAURER GÄNSEBRATEN MIT KÜRBIS UND CRANBERRYS

Čhaŋháŋpi Tiktíča úŋ Mağá Čheúŋpapi nakúŋ Wagmú na Wathȟókeča T'áğa
ergibt 6–8 Portionen

Mehr zu Kürbissen, Seite 71

Diese langsam gebratene Gans werden Sie goldbraun und zart aus dem Ofen ziehen. Die Sauce ist inspiriert von einem älteren Rezept, bei dem »sour sap« verwendet wird, ein Essig, der aus der letzten Abzapfung von Ahornsaft der Saison, vermischt mit etwas Ahornsirup, entsteht. Bewahren Sie das Fett, das sich unten in der Fettpfanne sammelt, auf. Sie können damit Gemüse zubereiten und Maiskuchen oder andere Fleischsorten braten.

Auch Ente lässt sich nach diesem Rezept zubereiten, wenn Sie die Garzeit entsprechend anpassen.

1 ganze Gans, etwa 4 ½ Kilo schwer
grobes Salz
1 Prise zerstoßener Wacholder
1 großer Butternut-Kürbis (etwa 1,8 Kilo), geschält, ohne Kerne und in etwa 5 cm große Würfel geschnitten
100 g Cranberrys
80 g Ahornsirup
2 EL Ahornessig (oder Apfelessig mit etwas Ahornsirup)
1 TL grober Senf

Waschen Sie die Gans und tupfen Sie sie mit Küchenpapier trocken. Reiben Sie sie außen und innen mit dem Salz ein und stellen Sie sie unabgedeckt für mindestens 6 Stunden oder über Nacht in den Kühlschrank. Tupfen Sie sie dann noch einmal mit Küchenpapier ab und setzen Sie sie auf einen Gitterrost. Warten Sie etwa eine Stunde, bis sie Raumtemperatur hat. Schneiden Sie überschüssiges Fett weg und bewahren Sie es für andere Gerichte auf. Ritzen Sie mit der Spitze eines scharfen Messers die Haut an Brust und Keulen leicht ein, sodass Sie ein grobes Kreuzschraffur-Muster erhalten. Dies trägt dazu bei, dass das Fett während des Bratens besser ablaufen kann.

Heizen Sie den Ofen auf 160 Grad vor. Würzen Sie die Gans mit noch etwas Salz und dem zerstoßenen Wacholder. Setzen Sie die Gans auf einen Grillrost in einer tiefen Fettpfanne und schieben Sie beides für ungefähr 1 Stunde in den heißen Ofen. Übergießen Sie etwa alle halbe Stunde die Gans mit der Flüssigkeit, die sich in der Fettpfanne sammelt. Gießen Sie dann das Fett durch ein Sieb in eine große hitzefeste Schüssel und bewahren Sie es für eine anderweitige Benutzung auf. Reduzieren Sie die Ofentemperatur auf 135 Grad, geben Sie den gewürfelten Kürbis und die Cranberry mit in die Fettpfanne und schieben Sie die Gans mit der Pfanne wieder in den Ofen. Lassen Sie sie noch einmal ungefähr 1½ bis 2 Stunden im Ofen beziehungsweise so lange, bis ein Fleischthermometer 73 Grad in der Mitte der Brust anzeigt. Insgesamt braucht die Gans ungefähr 3 Stunden.

Verrühren Sie in einem kleinen Gefäß den Ahornsirup mit dem Essig und dem Senf, um damit die Gans zu glasieren. Bestreichen Sie die Gans einige Minuten, bevor Sie sie aus dem Ofen holen wollen, damit. Wenn die Gans fertig ist, legen Sie sie auf ein Schneidebrett und lassen Sie sie 20 bis 30 Minuten lang ruhen, bevor Sie sie tranchieren. Servieren Sie die Gans mit dem Kürbis und den Cranberrys und beträufeln Sie das Ganze mit der Flüssigkeit aus der Fettpfanne.

ENTENBRATEN MIT SALBEI UND HAGEBUTTE

Phežíȟota na Uŋžíŋžiŋtka úŋ Maǧáksiča Čheúŋpapi
ergibt 4–6 Portionen

Die Enten, die wir in meiner Jugendzeit erlegten, waren wilde Enten, manche davon Schwimmenten, andere Tauchenten von unterschiedlicher Größe. Ihr Geschmack hängt davon ab, wo die Ente ihre Nahrung gefunden hat. Schwimmenten, die sich im Wasser von den Körnern und Saaten um sie herum ernähren, sind meist wohlschmeckend, während Tauchenten, deren Nahrung aus Fisch besteht, nun ja, fischig schmecken können. Nach unserer Erfahrung profitiert jede Ente, seien es Wildenten oder Hausenten, von einer Beize, wenn möglich über Nacht. Mit diesem einfachen Rezept erhalten Sie eine Ente mit superknuspriger Haut und saftigem Fleisch. Die Sauce aus Salbei und Hagebutten ist würzig, mit Waldaromen und leicht süß. Servieren Sie beides auf Wildreis.

1 Ente (2,2 bis 2,7 Kilo schwer)
1 EL grobes Salz
1 EL zerstoßener Wacholder
1 großer Zweig Salbei
65 g getrocknete Hagebutten
Wasser zum Bedecken der Hagebutten
1 EL kleingeschnittene Salbeiblätter
2 EL Honig

Heizen Sie den Ofen auf 220 Grad vor. Scheiden Sie die Flügelspitzen der Ente mit einer Geflügelschere oder einem scharfen Messer ab. Entfernen Sie überschüssiges Fett von Hals und Körper. Spülen Sie die Ente innen und außen gründlich ab und tupfen Sie sie mit Küchenpapier oder einem sauberen Küchentuch trocken. Stechen Sie mehrmals mit einer spitzen Gabel oder einem Messer die äußere Fettschicht ein. Bestreuen Sie die Ente außen und innen mit dem Salz und dem Wacholder. Legen Sie den Salbeizweig ins Innere der Ente.

Legen Sie die Ente mit der Brust nach oben in eine Fettpfanne und stellen Sie sie für 45 Minuten in den Ofen. Nehmen Sie sie dann heraus und wenden Sie sie, sodass die Rückseite oben ist. Schieben Sie sie wieder in den Ofen und lassen Sie sie für weitere 45 Minuten darin garen. Nehmen Sie sie noch mal aus dem Ofen und wenden Sie sie erneut, sodass wieder die Brust oben ist. Schieben Sie sie zurück in den Ofen und lassen Sie sie darin, bis sie gar ist und ein Fleischthermometer in der Keule zwischen 70 und 75 Grad anzeigt – was so um die 35 bis 50 Minuten dauern sollte.

Holen Sie sie dann aus dem Ofen und lassen Sie die Ente etwas ruhen, bevor Sie sie tranchieren.

Wie Sie die Sauce machen: Geben Sie die Hagebutten in einen kleinen Topf und fügen Sie gerade so viel Wasser hinzu, dass sie leicht bedeckt sind. Bringen Sie das Wasser mit den Hagebutten bei mittlerer Hitze zum Sieden und lassen Sie das Ganze dann leicht köcheln, bis die Hagebutten prall und weich sind. Gießen Sie die Hagebutten ab und fangen Sie dabei die Kochflüssigkeit auf – die Hagebutten werden nicht mehr gebraucht. Stellen Sie die aufgefangene Flüssigkeit wieder zurück auf den Herd. Fügen Sie den zerkleinerten Salbei bei und schmecken Sie die Sauce nach Belieben mit Honig ab. Träufeln Sie sie über den Entenbraten und servieren Sie ihn dann.

ENTEN- ODER GÄNSESCHMALZ HERSTELLEN

Das Fett von Enten oder Gänsen auszulassen ist ganz leicht. Das so entstehende Schmalz eignet sich hervorragend als Bratfett für nahezu alles. Es ist unglaublich aromatisch, hat eine samtige Textur und verleiht Frittiertem und krustig Gebratenem das gewisse Etwas. Seien Sie jedoch gewarnt – die dabei abfallenden frisch ausgebackenen Krümel machen süchtig! Sie sind toll, wenn man sie auf Salate, Maisküchlein und über Wildreis streut.

Um das Fett einer Ente oder einer Gans auszulassen, trennen Sie vorsichtig die Haut und das Fett vom Fleisch. Achten Sie darauf, nahe am Fleisch entlang zu schneiden, dieses aber nicht zu verletzen. Schneiden Sie anschließend die Haut und das Fett in etwa 2 cm große Stücke und geben Sie diese in einen gusseisernen Topf oder einen Schmortopf mit schwerem Boden. Fügen Sie 175 ml Wasser hinzu. Bringen Sie das Ganze bei mittlerer Hitze zum Köcheln und wenden Sie ab und zu die Stücke, bis das Wasser verdampft und die Haut kross ist und das Fett abgegeben hat – was ungefähr 1 Stunde dauert. Entfernen Sie die Grieben mit einem Schöpflöffel und lassen Sie sie auf Küchenpapier abtropfen. Sie halten sich in einem luftdicht verschlossenen Gefäß bei Raumtemperatur bis zu 3 Tage lang oder lassen sich auch einfrieren.

Lassen Sie das Fett leicht abkühlen und seihen Sie es dann durch ein feinmaschiges, mit einem Passiertuch ausgeschlagenes Sieb in saubere verschließbare Behältnisse ab. So verschlossen kann das Fett bis zu 6 Monate lang im Kühlschrank oder tiefgekühlt aufbewahrt werden.

SCHARF ANGEBRATENE ENTENBRUST MIT APFELSAFT-GLACÉ

Mağáksiča Tȟaspáŋhaŋpi Akáštaŋpi
ergibt 4–6 Portionen

Bei diesem Rezept wird die Entenbrust nur ganz kurz gegart und scharf angebraten. Es ist ein einfaches Gericht, das sich fantastisch als Hauptgang eignet. Wenn Sie nicht selbst jagen oder jemanden kennen, der auf die Jagd geht und in Ihrer Nähe auch kein frisches Wildgeflügel im Handel erhältlich ist, verwenden Sie tiefgekühlte Entenbrust aus dem Supermarkt. Das Anbraten bei hoher Temperatur macht die Haut schön kross. Servieren Sie die Entenbrust auf Wildreisküchlein (Seite 99) oder auf Wildreis-Pilaw (Seite 120).

1 TL grobes Mineralsalz (Seite 45)
1 Prise Sumach
1 Prise zerstoßener Wacholder
1 bis 1,4 kg Entenbrust mit Haut
1–2 EL Sonnenblumen- oder Haselnussöl
235 ml Apfelsaft
1 EL kleingeschnittener Salbei
1 EL Ahornessig (oder Apfelessig mit etwas Ahornsirup)
1 EL Ahornsirup (je nach Geschmack auch Wojape-Sauce (Seite 37) fürs Anrichten)

Mischen Sie Salz, Sumach und Wacholder in einer großen verschließbaren Plastiktüte und geben Sie anschließend die Entenbrust hinzu. Schütteln Sie alles, damit das Fleisch rundum mit der Gewürzmischung bedeckt ist. Verschließen Sie die Tüte und legen Sie sie für mindestens 1 Stunde oder über Nacht in den Kühlschrank.

Nehmen Sie die Tüte mit der Entenbrust aus dem Kühlschrank und warten Sie, bis sie Raumtemperatur hat.

Heizen Sie den Ofen auf 200 Grad vor. Geben Sie Öl in eine ofenfeste Pfanne, sodass der Boden großzügig bedeckt ist, und erhitzen Sie sie bei mittlerer Temperatur, bis das Öl leicht hin und her zu schwenken ist. Legen Sie die Entenbrüste nacheinander einzeln oder in kleinen Portionen mit der Hautseite nach unten in die Pfanne und braten Sie sie für etwa 5 Minuten scharf an. Anschließend wenden und auch von der anderen Seite für 5 Minuten anbraten. Stellen Sie die Pfanne in den Ofen und lassen Sie das Fleisch für etwa 5 bis 7 Minuten garen, bis es innen rosa ist. Geben Sie die Entenbrust anschließend zugedeckt auf einen Teller, um sie warm zu halten.

Entfernen Sie das Fett bis auf 1 TL aus der Pfanne und stellen Sie es zur anderweitigen Verwendung beiseite. Erhitzen Sie die Pfanne erneut bei mittlerer Hitze, geben Sie den Apfelsaft hinein und lösen Sie damit den braunen Bratenbelag vom Pfannenboden. Rühren Sie den Salbei ein. Lassen Sie den Apfelsaft köcheln, um ihn auf die Hälfte zu reduzieren. Fügen Sie nun den Essig hinzu und lassen Sie das Ganze noch einige Minuten lang weiter einkochen. Schmecken Sie die Sauce danach mit dem Ahornsirup ab. Schneiden Sie die Entenbrust diagonal in 2,5 cm dicke Scheiben, geben Sie die Sauce hinzu und richten Sie sie vor dem Servieren mit einigen Tupfern Wojape-Sauce an.

Scharf angebratene Entenbrust mit einer Glacé aus Apfelsaft, dazu Wildreisküchlein und Amarant-Cracker

KNUSPRIGE ENTENSCHLEGEL

Mağáksiča Hú Ğağáyapi
ergibt 4–6 Portionen

Dieses Rezept ist eine einfachere, schnellere und weniger umständliche Methode, ein »Confit« zu machen. Die Schlegel werden für 24 Stunden eingepökelt und dann ungefähr 4 Stunden lang in ihrem eigenen ausgelassenen Fett gekocht. Servieren Sie sie auf einem Bett aus Wildreis (Seite 117), Ofengemüse mit Ahorn und Salbei (Seite 82) oder Drei-Schwestern-Mischung (Seite 79).

1 bis 2 TL grobes Salz
½ TL zerstoßener Wacholder
½ TL zerstoßener Salbei
1 Prise Sumach
4 bis 8 Entenschlegel (je nach Größe) mitsamt der Haut, gewaschen und trockengetupft

Mischen Sie in einer kleinen Schüssel das Salz mit dem Wacholder, Salbei und Sumach und bestreuen Sie die Entenschlegel großzügig mit der Mischung. Legen Sie die Entenschlegel in eine flache Schüssel, verschließen Sie sie fest mit Plastikfolie und stellen Sie sie für 24 Stunden in den Kühlschrank.

Heizen Sie den Ofen auf 160 Grad vor. Legen Sie die Entenschlegel mit der fetten Seite nach unten in eine große ofenfeste Pfanne. Entweder legen Sie die Schenkel eng aneinander oder Sie nehmen zwei Pfannen. Stellen Sie die Pfanne auf den Herd und erhitzen Sie sie bei mittlerer Temperatur, bis das Fett sich zu verflüssigen beginnt – was ungefähr 20 Minuten dauert. Drehen Sie nun die Schlegel um, bedecken Sie die Pfanne mit Alufolie, und stellen Sie sie in den Ofen.

Lassen Sie die Entenschlegel 2 Stunden garen, entfernen Sie dann die Folie und lassen Sie sie noch eine weitere Stunde im Ofen, bis die Ente goldfarben ist. Nehmen Sie sie dann heraus und schöpfen Sie das Fett ab.

Servieren Sie die Entenschlegel warm.

ENTENPÂTÉ MIT APFELCHIPS

Magaksica Yulopapi nakun Thapanhapnpi Thaspan Pusyapi
ergibt 4–6 Portionen

Schmeckt sehr gut einfach so – oder auf Maiskuchen (Seite 87) oder mit Amarant-Crackern (Seite 96).

3 EL Entenschmalz (Seite 137)
1 Wilde Zwiebel oder Schalotte, gewürfelt
1 Entenleber, in 2,5 cm lange Stücke geschnitten
½ TL kleingeschnittener Salbei
1 große Prise zerstoßener Wacholder
60 ml Apfelsaft
4 bis 6 Scheiben frischer Apfel oder Apfelchips (Seite 41) als Garnierung

Geben Sie das Entenschmalz in eine Pfanne und lassen Sie es bei mittlerer Hitze in etwa 4 bis 5 Minuten schmelzen. Fügen Sie die Zwiebel oder Schalotte hinzu und lassen Sie sie eine halbe Minute lang anschwitzen, wobei Sie gelegentlich rühren. Geben Sie dann die Leber, den Salbei, das Salz und den Wachholder mit hinein. Garen Sie die Leber unter gelegentlichem Rühren ungefähr 5 Minuten lang, bis sie durch und nicht mehr rosa ist. Nun gießen Sie den Apfelsaft dazu und kochen alles weiter, bis die Flüssigkeit nach etwa 3 Minuten zu einer Glacé reduziert ist.

Geben Sie alles in eine Küchenmaschine mit einem Mixmesser aus Stahl und pürieren Sie es zu einer groben Pâté. Füllen Sie sie in eine Schüssel und lassen Sie sie abkühlen. Bewahren Sie sie danach abgedeckt im Kühlschrankt auf, bis Sie sie brauchen. Servieren Sie die Pâté mit Apfelscheiben oder Apfelchips garniert.

PEMMIKAN AUS ENTE UND WILDREIS

Mağáksiča na Psíŋ Wasná
ergibt 4–6 Portionen

Mehr zu Wildreis, Seite 115/116

Pemmikan ist, wie das Wasna, mit dem ich aufgewachsen bin, ein ganz alter Grundbestandteil unserer Nahrung. Er besteht aus gedörrtem Fleisch, Talg, Beeren und anderen Gewürzen. So, wie wir ihn machen, mit geschmacklich intensivem Entenfleisch, bekommt man einen ordentlichen Happen Kultur und Geschichte serviert. Dieser gehaltvolle Appetizer mit Ente ist überraschend leicht zuzubereiten und lässt keine Wünsche offen. Man braucht zwar etwas Zeit und Geduld, um das Entenfleisch zu dörren (entweder in einem Dörrautomat oder bei ganz geringer Temperatur im Ofen), das Gericht selbst ist dann aber im Handumdrehen fertig. Servieren Sie den Pemmikan als Fingerfood, auf einem Bett aus grünem Blattgemüse oder auch einfach mit Dörrgemüse-Chips als Vorspeise oder leichte Mahlzeit.

Pemmikan aus Ente und Wildreis

2 Entenbrüste mit Haut
4 EL Ahornzucker (oder brauner Zucker)
1 EL Salz
60 g ungekochter Wildreis (Seite 115)
75 g getrocknete Heidelbeeren

Entfernen Sie sorgfältig alle Haut und alles Fett von den Entenbrüsten, indem Sie ganz dicht am Fleisch entlangschneiden, ohne es zu verletzen. Schneiden Sie die Haut und das Fett in etwa 2,5 cm große Stücke. Geben Sie diese in einen Topf mit schwerem Boden, z. B. einen gusseisernen Schmortopf. Stellen Sie den Topf bei geringer Hitze auf den Herd und lassen Sie den Inhalt unter gelegentlichem Rühren langsam kochen, bis die Haut kross geworden und das Fett ausgeschmolzen ist – was etwa 45 Minuten dauern sollte. Entnehmen Sie mit einem Schaumlöffel die krossgebackene Haut (die Grieben) und lassen Sie sie in einer mit Küchenpapier ausgelegten Schüssel abtropfen. Lassen Sie das ausgelassene Fett im Topf abkühlen, bis es Raumtemperatur hat, und seihen Sie es dann durch ein feinmaschiges, mit einem Passiertuch bedecktes Sieb ab in eine Schüssel oder ein sauberes Schraubglas.

Mischen Sie in einer kleinen Schüssel Zucker und Salz.

Schneiden Sie die Entenbrust längs der Faser in dünne lange Streifen. Reiben Sie die Entenbruststreifen von beiden Seiten mit der Zucker-Salz-Mischung ein. Wenn Sie einen Dörrautomaten haben, gehen Sie nach den Vorgaben für die Herstellung von Beef Jerky (Dörrfleisch) vor.

Um das Entenfleisch im Ofen zu dörren, heizen Sie den Ofen auf niedrigstmöglicher Temperatur vor. Legen Sie die Fleischstreifen auf einen Grillrost und schieben Sie ihn in den Ofen, darunter schieben Sie ein umrandetes Backblech. Lassen Sie das Fleisch so für 6 bis 8 Stunden im Ofen, bis es ausgedörrt, aber immer noch biegsam ist.

Erhitzen Sie in einer mittelgroßen Pfanne bei niedriger Temperatur 1 EL des ausgelassenen Entenfetts (oder bei Bedarf auch mehr) und geben Sie dann den Wildreis dazu. Schütteln Sie die Pfanne, bis der Reis anfängt zu platzen. Breiten Sie den Puffreis daraufhin auf Küchenpapier aus. Legen Sie 1 EL davon für später zum Garnieren beiseite.

Füllen Sie die Grieben, das Dörrfleisch, den gepufften Wildreis (ohne den beiseite gestellten Teil), die getrockneten Heidelbeeren und alles übrige Entenfett in eine Küchenmaschine mit Mixmesser aus Stahl. Lassen Sie das Ganze darin fein zerkleinern. Schütten Sie die Mischung dann in eine Schüssel und formen Sie mithilfe zweier Esslöffel oder einem Eisportionierer kleine Bällchen. Servieren Sie den Pemmikan mit gepufftem Wildreis (Seite 39) garniert.

GERÄUCHERTE ENTE ODER FASAN

Mağáksiča naíŋš Šiyóša Aŝótkaziyapi
ergibt 4–6 Portionen

Fasan und Ente schmecken toll, wenn man sie räuchert. Sie vorher in Salzlake einzulegen ist ein gutes Mittel, wie sie saftiger und zarter werden, und der Räuchervorgang verleiht ihnen das rauchige Aroma eines offenen Feuers. Das Einlegen in Salzlake bewirkt zweierlei: Das Fleisch bekommt Würze und es kann – durch Osmose – leichter Feuchtigkeit aufnehmen, die es saftig macht. Wir ziehen dem Geflügel nicht die Haut ab, damit es möglichst wenig austrocknet.

Zupfen Sie den geräucherten Fasan oder die geräucherte Ente in kleine Stücke und servieren Sie sie mit Wojape beträufelt auf Maiskuchen (Seite 87) oder Timpsula-Puffer (Seite 122). Planen Sie 12 Stunden für das Einwirken der Lake ein und 5 Stunden fürs Räuchern.

Wissenswert:
Mit dem geräucherten Enten- oder Fasanenfleisch lassen sich gut Tamales füllen (Seite 93). Es macht sich auch gut in Suppen aller Art.

Fasan findet man heute zum Teil tiefgefroren im gut sortierten Fachhandel.

2 je etwa 1,3 kg schwere Fasane oder 1 Ente von 2,2 bis 2,7 kg Gewicht
70 g Salz
35 g Ahornzucker
950 ml Wasser
620 g Ahornsirup, etwa auf die Hälfte eingekocht

Spülen und säubern Sie die Fasane oder die Ente gründlich. Verrühren Sie in einem großen Behältnis das Salz und den Ahornzucker mit dem Wasser, bis sie sich aufgelöst haben. Legen Sie dann auch das Geflügel in das Behältnis und tunken Sie es gut unter. Lassen Sie die Lake für mindestens 12 Stunden und höchstens 18 Stunden im Kühlschrank einwirken. Holen Sie das Geflügel dann heraus und tupfen Sie es trocken; es sollte noch für 1 bis 3 Stunden stehen gelassen werden, bis die Haut sich trocken anfühlt.

Räuchern Sie das Geflügel in einem Grill oder Smoker mindestens 3 Stunden lang bei 90 bis 120 Grad über Hartholz (Hickory). Bestreichen Sie es nach 1 Stunde mit Ahornsirup und wiederholen Sie dies dann alle halbe Stunde. Die Garzeit kann je nach Größe und Art des Geflügels stark variieren. Benutzen Sie ein Fleischthermometer, um zu prüfen, wann die Fasane oder die Ente fertig sind. Es sollte 70 Grad anzeigen. Legen Sie das geräucherte Geflügel dann auf einen Rost, bestreichen Sie es ein letztes Mal und lassen Sie es abkühlen.

TRUTHAHNBRATEN, WILDE ZWIEBELN, GERÖSTETER KÜRBIS MIT AHORNAROMA UND CRANBERRY-SAUCE

Waglékšuŋ, Pšíŋ, Wagmú, nakúŋ Wat̄hókeča T'áǧa Yužápi
ergibt 8 Portionen

Keine Frage, das hier ist die beste Art, Truthahnbraten zu machen. Wir servieren ihn zusammen mit dem Gemüse auf Wildreis. Heben Sie das Truthahngerippe auf, um daraus einen Fond zu kochen (Seite 34).

1 kleiner (4,5 bis 5,5 kg schwerer) Truthahn, gründlich gewaschen und trockengetupft
60 ml Haselnussöl
2 EL kleingeschnittene Salbeiblätter
grobes Salz
zerstoßener Wacholder
475 ml Mais- oder Wildreisbrühe oder Truthahnfond (Seite 34)
4 Wilde Zwiebeln oder 2 große Zwiebeln, geviertelt
90 g kleingeschnittene Wildpilze
280 g Kürbis (z. B. Butternut), gewürfelt
40 g Ahornsirup
Cranberry-Sauce (Seite 146)

Eine Stunde bevor Sie ihn in den Ofen stecken wollen, nehmen Sie den Truthahn aus dem Kühlschrank, damit er Raumtemperatur annehmen kann. Pürieren Sie in einem Mixer den Salbei mit dem Haselnussöl und reiben Sie den Truthahn damit ein. Würzen Sie ihn mit Salz und Wacholder.

Heizen Sie den Ofen auf 230 Grad vor. Legen Sie den Truthahn in eine Fettpfanne, gießen Sie die Brühe bzw. den Fond dazu und schieben Sie alles in den Ofen. Rösten Sie den Truthahn etwa 45 Minuten lang, bis er leicht goldbraun ist. Reduzieren Sie dann die Temperatur auf 175 Grad und lassen Sie den Braten weitere 1½ Stunden im Ofen garen. Verteilen Sie anschließend die Zwiebeln, die Pilze und den Kürbis in der Fettpfanne und übergießen Sie den Truthahn und das Gemüse gelegentlich mit der Flüssigkeit aus der Fettpfanne. Lassen Sie den Braten weiter im Ofen, so lange, bis ein in die Keule gestecktes Fleischthermometer knapp über 70 Grad anzeigt – was ungefähr eine halbe bis eine Stunde dauern sollte. Bestreichen Sie dann den Truthahn mit dem Ahornsirup.

MIT AHORNBEIZE GERÄUCHERTER TRUTHAHN

Waglékšuŋ Ašótkaziyapi
ergibt 10–12 Portionen

Das traditionelle Thanksgiving-Essen stellt stolz die Fülle einheimischer Nahrungsmittel und den Einfluss, den die Native Americans auf die US-amerikanische Küche hatten, zur Schau. Doch lastet auf diesem staatlichen Feiertag auch die tragische Kolonialgeschichte. Ich finde, der Mythos, dass Ureinwohner und Kolonisatoren freudig zusammen ein Fest gefeiert haben, lässt die wahre Geschichte, die Gräueltaten, den Genozid und die gewaltsame Migration, die unsere Völker vonseiten der Europäer erleiden mussten, vollkommen außer Acht. Das ist auch der Grund, weshalb so wenige Native Americans diesen Feiertag begehen. Viele versammeln sich jedoch, um rituell ihren Dank für die Ernte zum Ausdruck zu bringen und um ihre Vorfahren zu ehren. Unsere Familie und Freunde kochen ein Essen mit Kürbis, Wildreis und Truthahn, alles mit indigenen Gewürzen und Geschmacksnoten. Mit diesem Rezept können Sie einen grandiosen, zarten, saftigen Truthahn zum Essen auftragen, und wenn Fleisch übrig bleibt, schmeckt es gut auf Maiskuchen (Seite 87) oder als Einlage in der Suppe aus geräuchertem Truthahn und Eicheln (Seite 107).

Ein 4,5 kg schwerer Truthahn ohne Innereien
3,8 Liter Wasser
220 g grobes Salz
160 g Ahornsirup
2 EL ganze Wacholderbeeren
1 großer Zweig Salbei
1 bis 1,5 Ein-Liter-Messbecher mit Räucherspänen (von Hickory, Apfelbaum oder Haselnuss)
Sonnenblumenöl zum Einreiben des Truthahns

Legen Sie den Truthahn in ein großes Behältnis (oder einen großen Topf). Erhitzen Sie in einem Topf ungefähr 900 ml des Wassers zusammen mit dem Salz, bis dieses sich aufgelöst hat. Lassen Sie das Salzwasser dann abkühlen. Das Salzwasser, das übrige Wasser, der Ahornsirup, die Wacholderbeeren und der Salbei kommen nun zu dem Truthahn in das Behältnis. Stellen Sie sicher, dass der Truthahn völlig bedeckt ist. Decken Sie das Behältnis ab (beschweren Sie den Truthahn, falls nötig, mit irgendetwas) und stellen sie ihn für 12 bis 24 Stunden in den Kühlschrank.

Weichen Sie die Holzspäne für mindestens 4 Stunden oder auch über Nacht in kaltem Wasser ein. Nehmen Sie den Truthahn aus seinem Behältnis und tupfen Sie ihn trocken.

Bereiten Sie einen Grill mit Holzkohle vor oder einen Smoker, mit dem indirektes Grillen – bei 135 Grad – möglich ist. Verteilen Sie genügend von den vollgesogenen Räucherspänen auf den Kohlen und lassen Sie sie verkohlen.

Legen Sie den Truthahn auf einen Rost in einer Fettpfanne. Streichen Sie ihn mit dem Sonnenblumenöl ein. Stellen Sie den Truthahn in den Grill oder in den Smoker und lassen Sie ihn dort garen, bis die Innentemperatur in der Keule ungefähr nach 3 ½ bis 4 ½ Stunden knapp über 70 Grad erreicht hat. Nehmen Sie ihn dann heraus und lassen Sie ihn mindestens 20 Minuten stehen, bevor Sie ihn tranchieren.

KANINCHEN

Es wird gern behauptet, Kaninchen schmecke wie Hühnchen. Aber Kaninchenfleisch ist delikater, etwas trockener, fester und ein bisschen süßer als Hühnchen. Es ist köstlich und ganz leicht zuzubereiten.

Kaninchen sind leicht zu halten und in der Wildnis (und in Hinterhöfen) gibt es Unmengen von ihnen. Warum wird also nicht mehr Kaninchenfleisch in den Supermärkten angeboten? Vielleicht weil Kaninchen sich nicht leicht kommerziell verarbeiten lassen, und weil sie knochig und sehr mager sind. Vielleicht werden wir aber, wenn die Bewegung für lokale Lebensmittel weiteren Zulauf findet und die Nachfrage steigt, mehr Kaninchengerichte auf den Karten familiär ausgerichteter Restaurants und in den heimischen Küchen finden.

Die beste Methode, Kaninchen zuzubereiten, ist als langsames Schmorgericht oder als einfacher Eintopf. Um dem Gericht mehr Geschmack und Farbe zu geben, ist es am besten, das Fleisch anzubraten, bevor es dann für lange Zeit in der Flüssigkeit schmort.

Kaninchenrücken mit Haselnüssen und Himbeer-Hagebutten-Sauce, Wasna

Wie man ein Kaninchen zerlegt: Trennen Sie die Läufe von der Karkasse, indem Sie den Muskel vorne am Bein durchschneiden – sonst verhärtet sich das Bein während des Kochens. Schneiden Sie um die Vorderläufe herum und entfernen Sie sie. Schneiden Sie den Rücken in mehrere Stücke, die später so serviert werden können.

KLASSISCHER KANINCHEN-SCHMORTOPF

Ehánni Iyéčhel Maštíŋča Wahánpi
ergibt 4–6 Portionen

Mehr zu Kaninchen, Seite 149

Mehr zu Mais, Seite 83–85

Servieren Sie ihn als wärmendes Winteressen auf goldenem Maisbrei (Seite 95). Die lange, langsame Garzeit ist besonders bei wilden Kaninchen wichtig. Wenn Sie kein Kaninchen bekommen können, nehmen Sie ersatzweise Truthahnkeulen.

3 EL Maismehl
2 TL getrockneter Oregano (oder Wilde Bergamotte)
1 Prise Sumach
1 Prise Räuchersalz (Seite 45)
1 großes Kaninchen (etwa 1,3 kg schwer), in 8 Stücke zerteilt
3 EL Sonnenblumenöl
3 Wilde Zwiebeln oder 2 große Zwiebeln, grob gewürfelt
700 g Mais-, Kaninchen- oder Truthahnfond (Seite 34)
1 Tasse eingeweichter Hominy-Mais

Geben Sie das Mehl, den Oregano und je eine große Prise Sumach und Räuchersalz in eine große Gefriertüte. Stecken Sie dann nacheinander die Kaninchenteile (immer ein paar wenige zusammen) in die Tüte und schütteln Sie sie gut, sodass das Fleisch gleichmäßig von dem gewürzten Mehl bedeckt ist. Legen Sie die Kaninchenteile auf einen Teller.

Erhitzen Sie bei mittlerer Temperatur das Öl in einem großen, schweren Topf. Braten Sie die Kaninchenteile nacheinander in kleinen Portionen an, sie sollen rundum goldbraun sein. Legen Sie sie dann in eine Bratenform. Geben Sie, nachdem Sie das Kaninchen angebraten haben, die Zwiebeln in den Topf und lassen Sie sie in etwa 5 Minuten leicht bräunen und weich werden. Gießen Sie dann 240 ml des Fonds dazu und rühren Sie kräftig, um alles, was am Topfboden anhängt und braun angebrannt ist, zu lösen. Lassen Sie es für ein paar Sekunden köcheln, bevor Sie den restlichen Fond dazugießen und auch den Hominy-Mais hinzufügen. Geben Sie nun die Kaninchenteile zurück in den Topf, legen Sie halb einen Deckel auf, und bringen Sie alles bei mittlerer Hitze zum Kochen. Reduzieren Sie dann die Hitze und lassen Sie das Schmorgericht 2 bis 2½ Stunden lang leise köcheln, bis das Fleisch sehr weich ist – die Kaninchenteile sollten Sie dabei ab und zu wenden. Schöpfen Sie das Fett, das sich währenddessen an der Oberfläche sammelt, ab und entsorgen Sie es. Servieren Sie das Kaninchenschmorgericht auf Maisbrei oder Wildreis.

MIT APFEL UND MINZE GESCHMORTES KANINCHEN

Tȟaspáŋ na Čheyáka nakúŋ Maštíŋča Lolóbyapi
ergibt 4–6 Portionen

Dieses schlichte Pfannengericht schmeckt gut auf Wildreis, Maiskuchen oder gekochtem Hominy. Sollten Sie kein Kaninchen haben, können Sie das Rezept auch für Truthahn- oder Hühnerschlegel verwenden.

Mehr zu Kaninchen, Seite 149

Mehr zu Ramp-Lauch, Seite 39

1 großes Kaninchen (etwa 1,3 kg schwer), bereits zerteilt
grobes Salz
2 EL Sonnenblumen- oder Pflanzenöl
2 Wilde Zwiebeln, Ramp-Lauch oder große Schalotten
3 kleingeschnittene Salbeiblätter
4 kleingeschnittene Minzeblätter
120 ml Apfelsaft
120 ml Maisbrühe oder Kaninchenfond (Seite 34)
2 EL Ahornsirup
1 EL Ahornessig (oder Apfelessig mit etwas Ahornsirup)
1 großer Apfel ohne Kernhaus, in Scheiben geschnitten

Salzen Sie das Kaninchenfleisch. Erhitzen Sie bei mittlerer Temperatur das Öl in einer großen Pfanne. Braten Sie die Kaninchenteile von allen Seiten braun an, etwa 6 Minuten auf jeder Seite. Legen Sie die Kaninchenteile auf einen Teller. Geben Sie dann die Zwiebeln, den Salbei und die Minze in die Pfanne und lassen Sie sie 3 bis 5 Minuten braten, bis sie weich sind. Fügen Sie den Apfelsaft und die Brühe hinzu und lösen Sie damit alles Festgebrannte vom Pfannenboden. Legen Sie die Kaninchenstücke zurück in die Pfanne. Gießen Sie den Ahornsirup und den Ahornessig dazu. Bedecken Sie die Pfanne und lassen Sie den Inhalt schmoren, bis das Fleisch weich ist, was zwischen 45 Minuten und einer Stunde dauern sollte; wenden Sie währenddessen die Kaninchenteile ab und zu. Nehmen Sie gegen Ende den Deckel ab, geben Sie die Äpfel mit in die Pfanne und lassen Sie alles noch so lange weiterkochen, bis die Sauce dicker eingekocht ist. Bestreichen Sie derweil die Kaninchenstücke immer wieder. Abschmecken.

Gedörrtes Kaninchenfleisch: Reste von Kaninchen aus Schmorgerichten oder Eintöpfen können Sie in einem Dörrautomaten dörren, bis dem Fleisch alle Flüssigkeit entzogen ist. Alternativ können Sie das Kaninchenfleisch auf ein großes Backgitter über einem Backblech legen und bei niedrigster Temperatur im Ofen dörren. Wenden Sie das Fleisch ab und zu, bis es vollkommen trocken ist. Zerkleinern Sie es. Es ist nun in einem verschlossenen Behälter eine Woche lang haltbar.

Mit Apfel und Minze geschmortes Kaninchen

Bisonrippchen, grüne Blattgemüse, gebratene Äpfel

BISONRIPPCHEN

Thathúčhuhu
ergibt 4–6 Portionen

Ein Fingerlecken, Knochen zum Abnagen und ein Geschmackserlebnis – magere, knusprige, zarte Rippchen!

Mehr zu Bison,
Seite 154

Wenn es für Sie nicht möglich ist, an Bisonfleisch zu kommen, lässt es sich durch grasgefüttertes Rind (»Weidefleisch«) ersetzen.

1 EL zerstoßener Wacholder
1 EL Salz
1 TL zerstoßener Salbei
1,8 bis 2,7 kg Bisonrippchen
235 ml Wasser
½ Tasse Wojape (Seite 37, ca. 130 g)

Heizen Sie den Grill oder den Broiler auf hoher Temperatur vor. Vermengen Sie in einer kleinen Schüssel den Wacholder mit dem Salz und dem Salbei und reiben Sie mit dieser Würzmischung dann die Rippchen ein. Grillen Sie die Rippchen von beiden Seiten auf dem Grill oder unter dem Broiler, bis sich eine feste Kruste bildet – das dauert ungefähr 2 bis 3 Minuten pro Seite. Drehen Sie die Temperatur dann auf 120 Grad herunter.

Setzen Sie die Rippchen mit der Knochenseite unten auf einen Rost und diesen in einen Bräter – alternativ können Sie den Rost auch auf ein Backblech mit hohem Rand setzen. Gießen Sie 235 ml Wasser in den Bräter oder auf das Backblech. Legen Sie den Deckel auf oder decken Sie das Ganze dicht mit Alufolie ab und lassen Sie das Fleisch für 2 Stunden garen. Wenden Sie die Rippchen dann, bedecken Sie es wieder und lassen Sie es weiter garen, bis das Fleisch sehr weich ist (ungefähr 45 Minuten bis 1 Stunde lang).

Holen Sie die Rippchen heraus und schöpfen Sie etwa 60 ml des Bratensaftes, der sich im Bräter oder der Pfanne befindet, in eine kleine Schüssel, in die Sie dann auch die Wojape hineinrühren. Bestreichen Sie die Rippchen mit der Wojape-Sauce und stellen Sie sie noch einmal für 3 bis 5 Minuten zurück auf den Grill oder unter den Broiler, damit das Fleisch eine glänzende Kruste bekommt. Nehmen Sie sie dann endgültig heraus, legen Sie sie auf ein Schneidebrett, lassen Sie sie einige Minuten ruhen und schneiden Sie sie dann in Portionen. Richten Sie die Rippchen mit Wojape an.

DIE EDLE ART ZU JAGEN

»Wenn du auf die Jagd gehst, verbindest du dich mit den Tieren und beginnst, deinen Herzschlag dem ihren anzupassen«, hat mir mein Onkel Richard Sherman erklärt. »Wenn du das tust, entwickelst du ganz automatisch Respekt für sie und für das Land. Dir wird klar, dass alles, was du tust, Auswirkungen hat. ... Mir ist es wichtig, ein Tier beim Jagen auf edle Art zu töten, mit einem Schuss, sodass es sofort tot ist. Das gelingt einem erst dann, wenn man gelernt hat, die Tiere zu verstehen.« Mein Onkel ist Wildbiologe von Beruf, Co-Autor des Buches *Indigenous Peoples and the Collaborative Stewardship of Nature – Knowledge Binds and Institutional Conflicts*, und er ist mit der Jagd als Weg der Nahrungsbeschaffung für seine Geschwister großgeworden. Ein zäher, kluger Mann, der eines meiner Vorbilder war und in mir die Werte angelegt hat, die mich bei meiner Arbeit immer geleitet haben.

Jetzt, wo er in Rente ist, lebt mein Onkel Richard in Rapid City, South Dakota. Er arbeitet dort an einem weiteren Buch und bietet Besichtigungstouren durch die Pine Ridge Reservation an. Oft führt er Besucher zu den überwältigenden Orten in die Nähe seiner Vorfahren, damit sie die Kraft, die von diesem Land ausgeht, spüren können.

MIT ZEDER GESCHMORTES BISON

Ȟaŋté úŋ Pté Lolóbyapi
ergibt 6–8 Portionen

Das hier ist ein einfaches, herzhaftes Eintopfgericht. Das Fleisch wird ganz zart und die Brühe kocht nach und nach ein zu einer würzigen Sauce. Falls Reste bleiben, schmecken diese fantastisch zu Maiskuchen.

Wenn wir Fleisch schmoren, fügen wir dem Sud immer eine Handvoll derjenigen Zutaten hinzu, die wir als Beilage zu dem Gericht servieren wollen – etwa Hominy, Wildreis oder getrocknete Beeren. Den getrockneten Hominy-Mais müssen Sie zuvor über Nacht einweichen, bevor Sie ihn mit in den Topf geben, planen Sie das also rechtzeitig mit ein.

Wichtiger Hinweis zur Zeder,
Seite 24

Mehr zu Bison,
Seite 154

Mehr zu Mais,
Seite 83–85

900 bis 1300 g Bison oder Rind (Zungenstück)
1 EL grobes Salz
2 EL Ahornzucker (oder brauner Zucker)
3 EL Sonnenblumenöl
475 bis 950 ml Wildreis- oder Maisbrühe (Seite 33)
mehrere Zweige Salbei
1 Zweig Zeder oder eines essbaren einheimischen Nadelbaums
360 g Hominy-Mais, über Nacht eingeweicht und abgegossen
1 EL Sumach
160 g Ahornsirup

Wenn es für Sie nicht möglich ist, an Bisonfleisch zu kommen, lässt es sich durch grasgefüttertes Rind (»Weidefleisch«) ersetzen.

Heizen Sie den Ofen auf 120 Grad vor. Würzen Sie das Bison mit dem Salz und dem Ahornzucker. Geben Sie das Öl in einen Schmortopf oder einen großen, feuerbeständigen Bräter und erhitzen Sie es auf hoher Flamme. Braten Sie das Fleisch für etwa 10 Minuten von allen Seiten scharf an, es soll dunkel und krustig werden. Nehmen Sie es dann aus dem Topf und stellen Sie es beiseite. Gießen Sie nun die Brühe zusammen mit dem Salbei in den Topf und lösen Sie damit alle krustig angebrannten Stellen am Topfboden. Fügen Sie den Mais, den Sumach und den Ahornsirup hinzu und legen Sie schließlich auch das Fleisch wieder in den Topf. Verschließen Sie den Topf dicht mit einem Deckel (oder, falls nötig, mit Alufolie). Stellen Sie ihn in den Ofen und lassen Sie das Fleisch darin so lange garen, bis es vom Knochen abfällt – was etwa 3 Stunden dauert.

Holen Sie den Topf oder Bräter aus dem Ofen. Decken Sie das Fleisch mit Alufolie ab, um es warm zu halten. Gießen Sie die verbleibende Brühe in einen Topf und halten Sie dabei den Mais zurück. Kochen Sie die Brühe bei hoher Temperatur auf und lassen Sie sie so lange kochen, bis sie auf die Hälfte reduziert ist. Probieren Sie und schmecken Sie ab. Schneiden Sie das Bison in Scheiben und richten Sie diese auf dem Hominy-Mais an, träufeln Sie zum Schluss etwas von der Sauce über das Fleisch.

SCHMOREN – EINE URALTE ZUBEREITUNGSART

Fleisch bei geringer Hitze langsam in einer aromatischen Brühe zu schmoren ist unsere bevorzugte Methode für die Zubereitung von Großwild, weil dieses Fleisch so mager ist und sonst schnell dazu neigt, trocken zu werden. Die Flüssigkeiten, in denen es gekocht wird, geben dem Fleisch zusammen mit Kräutern und Gewürzen viel Aroma. Sobald es vollkommen zart ist, rösten wir es noch kurz unter dem Broiler oder über einer offenen Flamme. Dann lassen wir die Kochflüssigkeit einkochen, um sie zu einer vollmundigen dicken Sauce zu reduzieren.

Wir fügen der Flüssigkeit, in der wir das Fleisch schmoren, immer auch die Zutaten hinzu, die wir als Beilage anbieten. Das kann beim mit Zeder geschmorten Bison (Seite 158) Wildreis, eingeweichter Hominy-Mais oder Kürbis sein. Diese Beigaben sorgen für feine Geschmacksnoten, die zum Schluss das gesamte Gericht zu einer runden Sache machen.

INDIGENE TACOS

Ikčé Wičháša Ağúyapi Oštéka
ergibt 6 bis 8 Stück

Als wir mit dem Tatanka-Truck angefangen haben, haben wir uns die »Fast Food«-Idee – Indian Tacos – gründlich vorgenommen und mit authentischen Zutaten »Slow Food« daraus gemacht. Das hier ist eine leckere und supergesunde Alternative zu der hergebrachten Version mit frittiertem Brot oder Industriehamburger. Bei diesem Rezept können Sie anstelle des Bisonhackfleischs auch Reste des mit Zeder geschmorten Bisons (Seite 158) oder für vegetarische und vegane Tacos die mit Zeder geschmorten Bohnen (Seite 72) verwenden, oder gerösteten Kürbis mit Ahornaroma (Seite 69). Das Rezept lässt sich außerdem leicht erweitern und für eine große Menge hungriger Mäuler zubereiten.

Mehr zu Bison, Seite 154

Wenn es für Sie nicht möglich ist, an Bisonfleisch zu kommen, lässt es sich durch grasgefüttertes Rind (»Weidefleisch«) ersetzen.

900 bis 1350 g Bisonhackfleisch
1 große Prise Salz
1 große Prise Wacholder
2 EL Sonnenblumenöl
4 Wilde Zwiebeln oder 2 mittelgroße Zwiebeln, gewürfelt
1 EL kleingeschnittene Salbeiblätter
120 g Mais- oder Wildreisbrühe (Seite 33)
1 bis 2 EL Ahornsirup (nach Belieben)
Maiskuchen (Seite 87)
Wojape (Seite 37)
Corn Nuts (Seite 40)
Kleingeschnittener Sauerampfer (optional)

Würzen Sie das Bisonfleich mit dem Salz und dem Wacholder. Erhitzen Sie das Sonnenblumenöl in einem großen Schmortopf bei hoher Temperatur und geben Sie dann die Zwiebeln hinein. Dünsten Sie diese 3 bis 4 Minuten lang im Öl, bis sie weich und leicht gebräunt sind. Fügen Sie das Bisonhackfleisch und den Salbei hinzu und lassen Sie es ebenfalls 3 bis 4 Minuten lang braten, bis es braun wird; rühren Sie dabei gelegentlich, um das Fleisch zu zerkleinern. Gießen Sie nun die Brühe dazu, bringen Sie sie zum Kochen und lassen Sie alles dann ungefähr 3 Minuten lang kochen, bis von der Flüssigkeit nur noch eine Glacé übrig ist. Schmecken Sie das Ganze mit Ahornsirup ab. Geben Sie das Hackfleisch auf die Maiskuchen und beträufeln Sie es mit Wojape. Zum Schluss können Sie Sauerampfer zum Garnieren verwenden und Corn Nuts (damit es schön knusprig ist).

Indigene Tacos

TANKA BAR

Die Firma Native American Natural Foods, LLC, mit Sitz in der Pine Ridge Reservation in South Dakota, produziert abgepackte Nahrungsmittel auf der Basis von Büffelfleisch, die lecker, gesund und nachhaltig sind. Das Unternehmen hat es sich zur Aufgabe gemacht, etwas für den Erhalt der freilebenden Büffelherde in der Region zu tun, Mitgliedern des Oglala-Stammes Arbeit zu geben und die lokale Wirtschaft anzukurbeln. Der Tanka Bar, ein Snack aus Büffelfleisch, Trockenfrüchten und natürlichen Aromen, ist ungeheuer erfolgreich. Er enthält keine künstlichen Inhaltsstoffe, hat wenig Kohlenhydrate und ist zucker- und glutenfrei. Wenn uns einmal das Wasna (Seite 163) ausgeht, greifen wir auf diese Produkte zurück.

Das Unternehmen, das im Jahr 2006 von Karlene Hunter und Mark Tilsen gegründet wurde, will Nahrungsmittel produzieren, die zur Wiederherstellung und Erhaltung unseres Landes und des Ökosystems beitragen. Weil sie aus natürlichen, gesunden Inhaltsstoffen bestehen, könnten sie zu einem Rückgang von chronischen ernährungsbedingten Erkrankungen wie Adipositas und Diabetes beitragen. Was sie verkaufen, sind Nahrungsmittelprodukte, die im Einklang stehen mit der Art und Weise, wie Native Americans noch vor einem Jahrhundert gelebt haben. »Tanka« bezieht sich auf die Fähigkeit, »das Leben kraftvoll anzugehen und zu berücksichtigen, was auf Lakota *Mitakuye Oyasin* heißt – dass wir alle zur selben Familie gehören und verbunden sind«.

BISON-WASNA

Pté Wasná
ergibt ungefähr 280–340 Gramm

Mehr zu Bison,
Seite 154

Wenn es für Sie nicht möglich ist, an Bisonfleisch zu kommen, lässt es sich durch grasgefüttertes Rind (»Weidefleisch«) ersetzen.

Wasna – Bällchen aus getrocknetem Fleisch – sind so köstlich und vielseitig wie ihre lange Geschichte, und sie zu machen ist ganz einfach. Wir verwenden Wasna in Salaten, als Appetizer auf Wildreis- oder Hominy-Kuchen und in Suppen und Eintöpfen, weil sie einen ganz außergewöhnlichen Geschmack haben. Wasna wird manchmal auch Pemmikan genannt – womit eine Mischung aus Dörrfleisch und Beeren gemeint ist. Von grober Konsistenz, süß und immens nahrhaft und sättigend, voller Protein, mit wenig Zucker und wenig Kohlehydraten, ist es die Urform des gesunden Snacks zwischendurch.

Richten Sie die Wasna-Bällchen auf einer »Fleischerplatte« zusammen mit Geräuchertem Fasan (Seite 144), getrockneten Beeren, gerösteten Haselnüssen, Körnern, grünem Blattgemüse und einem kleinen Töpfchen Wojape (Seite 37) an.

900 g Bisonfleisch (hinterer Teil des Bauchlappens, Hüfte, Ober- oder Unterschale)
2 TL zerstoßener Wacholder
50 g getrocknete Cranberrys
1 Prise grobes Salz

Schneiden Sie vom Fleisch das Fett weg, legen Sie es in eine Gefriertüte und darin für etwa eine Stunde ins Gefrierfach – auf diese Weise lässt es sich anschließend viel leichter schneiden.

Holen Sie das Fleisch aus dem Gefrierfach und schneiden Sie es dünn und parallel zur Faser in lange Streifen. Legen Sie die Streifen in die Gefriertüte zurück, fügen Sie die übrigen Zutaten hinzu und lassen Sie alles für mindestens 3 Stunden oder über Nacht im Gefrierfach liegen.

Heizen Sie den Ofen auf 65 Grad vor oder bereiten Sie einen Dörrautomaten vor. Holen Sie das Fleisch aus der Gefriertüte und tupfen Sie es trocken. Legen Sie die Streifen entweder im Dörrautomaten nebeneinander – oder Sie legen sie auf einem Backgitter über einem Backblech (das ggf. Tropfen auffängt) aus. Wenn Sie das Backgitter mit dem Backblech verwenden, schieben Sie beides in den Ofen. Lassen Sie das Fleisch mindestens für 4 Stunden oder über Nacht dörren, bis es eine lederartige Konsistenz hat. Nehmen Sie es dann aus dem Dörrautomaten

Bison-Wasna

oder dem Ofen, lassen Sie es abkühlen und schneiden Sie es in häppchengroße Stücke.

Füllen Sie das Fleisch und die Cranberrys in eine Küchenmaschine mit eine Mixmesser aus Stahl. Zerhäckseln Sie beides und salzen Sie die Mischung. Nehmen Sie sie heraus und formen Sie kleine Bällchen daraus.

JÄGERTOPF

Wóle Wičháša Wahánpi Tȟáwa
ergibt 4–6 Portionen

Bären gehörten traditionell zur Nahrung der Native Americans, und das ist noch immer so, besonders im nördlichen Kerngebiet der USA, wo diese Tiere noch zahlreich anzutreffen sind. Sie sind dafür bekannt, dass sie in Ferienhütten einbrechen und sie durchsuchen, Mülltonnen durchwühlen und kleinere Haustiere reißen. Bären zur Nahrungsgewinnung zu jagen ist einer der besten Wege, die immer größer werdende Population unter Kontrolle zu halten.

Elch, Wapiti und Gabelbock eignen sich ebenfalls sehr gut für dieses Rezept, weil das langsame Garen das Fleisch zart und aromatisch werden lässt. Wenn Sie nichts davon kriegen können, nehmen Sie stattdessen Bison oder Lamm. Servieren Sie das Schmorgericht mit Maiskuchen (Seite 87) oder Maisbrei (Seite 95) oder mit Kneel-down-Brot (Seite 91). Wie die meisten deftigen Eintöpfe schmeckt auch dieser hier am nächsten Tag noch besser als am ersten.

30 g getrocknete Wildpilze (z.B. Pfifferlinge, Trompeten oder Morcheln)
235 ml kochendes Wasser
3 EL Sonnenblumenöl
1,1 bis 1,4 kg Bären-, Lamm- oder Bisonfleisch, in 5 cm große Stücke geschnitten
grobes Salz
zerstoßener Wacholder
3 Wilde Zwiebeln oder der weiße Teil einer großen Stange Lauch
225 g frische Pilze, grob kleingeschnitten
1 EL gehackter frischer Oregano
2 TL Sumach (nach Belieben)
235 ml Maisbrühe oder Bisonfond (Seite 34)

Mehr zu Bison,
Seite 154

Wenn es für Sie nicht möglich ist, an Bisonfleisch zu kommen, lässt es sich durch grasgefüttertes Rind (»Weidefleisch«) ersetzen.

Wissenswert:
Um getrocknete Pilze verwendbar zu machen, bedecken Sie sie einfach mit warmem Wasser und lassen Sie das Ganze stehen, bis die Pilze sich vollgesogen haben. Gießen Sie das Wasser ab – bewahren Sie es aber auf! – und drücken Sie überschüssige Flüssigkeit aus dem Pilzfleisch. Sie können sie nun wie frische Pilze weiterverarbeiten.

Füllen Sie die getrockneten Pilze in eine kleine Schüssel und gießen Sie das kochende Wasser darüber. Lassen Sie sie etwa 20 Minuten einweichen, bis sie nicht mehr hart sind. Gießen Sie die Pilze ab, aber gießen Sie das Wasser nicht weg. Schneiden Sie die Pilze klein und stellen Sie sie beiseite.

Erhitzen Sie das Sonnenblumenöl bei mittlerer Temperatur in einem großen, schweren Topf. Braten Sie darin die Fleischstücke portionsweise an. Würzen Sie sie dabei mit Salz und Wacholder. Achten Sie darauf, dass sich nicht zu viele Fleischstücke auf einmal im Topf befinden. Braten Sie die einzelnen Portionen jeweils etwa 10 bis 15 Minuten. Legen Sie das angebratene Fleisch auf einen großen Teller.

Reduzieren Sie die Temperatur und geben Sie nun Zwiebeln, frische Pilze, Oregano und Sumach in den Topf. Dämpfen Sie alles etwa 3 bis 5 Minuten lang, bis die Zwiebel weich ist und die Pilze etwas Flüssigkeit abgeben. Rühren Sie die kleingeschnittenen Wildpilze, die Sie eingeweicht hatten, samt dem Einweichwasser und der Maisbrühe (oder dem Bisonfond) mit hinein. Rühren Sie kräftig, um eventuell am Boden anhaftende braune Krusten vom Anbraten zu lösen.

Geben Sie das Fleisch zurück in den Topf, bringen Sie den Inhalt zum Kochen und lassen Sie alles dann mit halb geschlossenem Deckel köcheln, bis das Fleisch sehr weich ist – ungefähr 2 Stunden lang. Probieren Sie und schmecken Sie den Eintopf ab. Nehmen Sie den Topf dann vom Herd und lassen Sie ihn einige Minuten ruhen, bevor Sie ihn servieren.

Jägertopf, Kürbispüree, Cranberrys

BISON-GRILLSPIESSE MIT WOJAPE

Wíyute Tȟatȟáŋka Skíyuȟa Pi Wóžapi
ergibt 4–6 Portionen

Alle lieben diese Kebabs, ein Rezept von Mikee Willard und seinem Sohn Darius Willard aus dem Northern Cheyenne Tribe in Montana, die beide Teil unseres Tatanka-Truck-Teams sind. Sie spießen große Stücke frischer Maiskolben, Rüben und Zucchini abwechselnd mit Bisonfleisch auf. Die fertigen Grillspieße werden zum Schluss mit Wojape (Seite 37) oder einer Sauce aus eingekochten wilden Pflaumen verziert.

Mehr zu Bison,
Seite 154

Mehr zu Mais,
Seite 83–85

Wenn es für Sie nicht möglich ist, an Bisonfleisch zu kommen, lässt es sich durch grasgefüttertes Rind (»Weidefleisch«) ersetzen.

450 bis 680 g Bison-Hüftsteak (Sirloin), in 2,5 bis 5 cm große Würfel geschnitten
2 EL Sonnenblumenöl
1 Prise Sumach
1 Prise Räuchersalz (Seite 45)
2 bis 3 Kolben Zuckermais ohne Hüllblätter, in 5 cm große Stücke geschnitten
2 bis 4 junge Rüben, in 5 cm große Stücke geschnitten
3 Zucchini
Wojape (Seite 37)

Bereiten Sie die Grillkohle oder einen Gasgrill vor, damit mit direkter Hitze gegrillt werden kann. Bestreichen Sie das Bisonfleisch mit 1 TL des Sonnenblumenöls und bestreuen Sie es mit Sumach und Räuchersalz. Verwenden Sie das übrige Öl, um damit den Mais, die Rüben und Zucchini zu bestreichen. Fädeln Sie das Fleisch, den Mais, die Rüben und Zucchini auf 4 bis 6 Grillspieße und bestreuen Sie alles nochmals mit Sumach und Räuchersalz.

Grillen Sie die Spieße für etwa 15 bis 20 Minuten in einer Entfernung von ungefähr 10 bis 15 cm von der Hitzequelle, drehen Sie sie immer wieder, bis das Bisonfleisch in der Mitte nicht mehr rot ist. Beträufeln Sie die Spieße vor dem Servieren mit Wojape.

TANIGA

Taniga ist eine traditionelle Suppe aus Kutteln, die es nur auf Festen und bei Zeremonien gibt. Die Zubereitung ist nicht einfach, man braucht Stunden, um den Pansen des Bisons zu wässern, damit er auch wirklich sauber ist, bevor er dann in einer Brühe mit Timpsula und Zwiebeln gargekocht wird. Die Älteren haben sich immer auf Taniga gefreut, aber ich kann mich nicht daran erinnern, dass irgendeines von uns Kindern mit großer Begeisterung reingehauen hätte, wenn es die Suppe gab. Wir verstanden aber, dass diesem Essen eine wichtige Bedeutung zukam, weil auf diese Weise der gesamte Büffel – ein heiliges Tier – Verwendung fand. Wenn ein Bison erst einmal geschlachtet worden war, wurde nichts davon verschwendet oder weggeworfen.

Taniga, die der deutschen Kuttelsuppe ähnelt, wird bei besonderen Gelegenheiten gekocht, ähnlich wie in Mexiko die *menudo*-Suppe, in Frankreich *tripes à la mode de Caen* oder in Polen *flaki.*

WURSTBRÄT VOM LAMM

Tȟáčhiŋčala Tȟašúpa
ergibt circa 1,4 kg

Brian Yazzie, unser Chef de Cuisine bei The Sioux Chef, hat uns seine Methode verraten, wie er traditionelle Lammwurst nach Art der Diné macht. Das Churro-Schaf, das die spanischen Entdeckungsreisenden im 16. Jahrhundert auf dem amerikanischen Kontinent eingeführt haben, ist für den gesamten Südwesten sehr wichtig geworden. Es ist eine besonders robuste Schafsrasse, die weniger Wasser und Futter als andere Schafe benötigt, mit langen Beinen, einem schmalen Körper und grazilem Knochenbau. Navajo-Churro-Schafe liefern mageres Fleisch mit einem charakteristischen süßen Geschmack sowie ein schönes Fell, aus dem sich zwei Wollarten gewinnen lassen und das wegen seiner natürlichen Farbvielfalt sehr geschätzt ist – die Wolle wird von den Navajo zu Teppichen und Decken verwebt.

Das Churro-Schaf wurde in den 1860er Jahren beinahe ausgerottet, als die US-Regierung die Navajo zu Feinden erklärte und das Volk der Diné in die Enge trieb, ihre Viehherden zerstörte, Obstbäume und Feldfrüchte niederbrannte und sie dazu zwang, den vierhundert Meilen langen

»Long Walk« bis nach New Mexiko auf sich zu nehmen. Heute gilt das Navajo-Churro-Schaf als historische Rasse, die überall in den Vereinigten Staaten und in Kanada gehalten wird.

Da man die traditionelle Zubereitung von Churro-Lammwurst am besten direkt von jemandem der Ältesten aus dem Volk der Diné erlernt, der einem das Seite an Seite beibringt, haben wir das Rezept ein wenig abgewandelt und verwenden Zutaten, die leichter verfügbar sind. (Das Originalrezept für diese traditionelle Blutwurst ähnelt dem für britischen *black pudding*, für französische *boudin noir* und die in Estland zu Weihnachten übliche *verivorst* – die alle wirklich lecker sind.)

Braten Sie das Wurstbrät scharf an, wenn Sie es in unseren Indigenen Tacos (Seite 160) oder auf einer Bowl mit gebratenem Wildreis (Seite 119) servieren möchten. Sie können es auch zu Pattys für den Grill formen.

1,3 kg Lammschulter ohne Knochen (oder eine Mischung aus verschiedenen Teilstücken), in 2,5 cm große Würfel geschnitten
60 ml Wasser
2 EL Ahornessig (oder Apfelessig mit etwas Ahornsirup)
2 TL grobes Salz
2 TL kleingeschnittener Salbei
2 TL gehackter Oregano
1 große Prise Sumach
1 große Prise zerstoßener Wacholder

Legen Sie das Lammfleisch auf ein Backblech mit hohem Rand, stellen Sie dieses ins Gefrierfach und lassen Sie es dort, bis die Fleischstücke durch die Kälte steif, aber noch nicht gefroren sind.

Drehen Sie das Fleisch durch die feine Lochscheibe des Fleischwolfs und sammeln Sie es in einer Schüssel. Arbeiten Sie dann Wasser, Essig, Salz, Salbei, Oregano, Sumach und Wacholder in die Fleischmasse ein. Um den Geschmack zu testen, braten Sie eine kleine Probe davon bei mittlerer Hitze in einer kleinen Pfanne leicht an, probieren dann und würzen das Brät gegebenenfalls noch mal nach. Bewahren Sie es abgedeckt im Kühlschrank auf oder frieren Sie es ein.

HIRSCHKOTELETTS MIT ÄPFELN UND CRANBERRYS

Tȟáȟča nakúŋ Tȟaspáŋ na Watȟókeča T'áǧa
ergibt 4 Portionen

Hierbei werden die Hirschkoteletts schnell heiß gebraten, damit sie besonders zart und saftig werden.

2 säuerliche Äpfel
235 ml Apfelsaft
80 g Ahornsirup
400 g Cranberrys
8 Hirschkoteletts (à 85 bis 115 g) oder 1 Hirschkarree (in 8 Koteletts zerteilt)
Salz
zerstoßener Wacholder
2 EL Sonnenblumenöl

Geben Sie die Äpfel und die Cranberrys mit dem Apfelsaft und dem Ahornsirup in einen kleinen Topf mit schwerem Boden. Stellen Sie ihn auf den Herd und bringen Sie den Inhalt bei hoher Temperatur zum Kochen. Reduzieren Sie dann die Hitze und lassen Sie das Apfel-Cranberry-Gemisch etwa 10 bis 12 Minuten lang köcheln, bis die Flüssigkeit auf etwa 60 ml eingekocht ist. Nehmen Sie den Topf vom Herd und stellen Sie ihn beiseite.

Heizen Sie den Ofen auf 260 Grad vor. Waschen Sie die Koteletts und tupfen Sie sie trocken, würzen Sie sie dann mit dem Salz und dem Wacholder. Erhitzen Sie das Sonnenblumenöl in einer schweren Pfanne bei mittlerer Temperatur. Braten Sie die Koteletts darin portionsweise mit einmaligem Wenden ungefähr 2 Minuten auf jeder Seite, insgesamt 4 Minuten lang. Legen Sie die Koteletts auf ein flaches Backblech und lassen Sie sie im vorgeheizten Ofen weitere 3 Minuten garen, bis sie medium rare sind. Richten Sie die Koteletts mit den gekochten Äpfeln und Cranberrys an.

REH- ODER WAPITI-SCHMORTOPF MIT HOMINY

Tȟáȟča naíŋš Heȟáka na Pašláyapi Waháŋpi
ergibt 4–6 Portionen

Mehr zu Mais, Seite 83–85

Ein Schulterstück ist für dieses Rezept am besten geeignet. Das Muskelfleisch ist mager und wird während des langsamen Schmorprozesses seidig zart. Wenn Sie keine Schulter bekommen, nehmen Sie Stelzen. Die werden etwas länger brauchen, schmecken aber genauso gut.

Dieses Gericht schmeckt toll mit Hominy, auf Maisbrei nach althergebrachter Art (Seite 95) oder mit gegrilltem Kürbis.

1,8 kg Wapiti- oder Rehschulter
1 Prise Räuchersalz (Seite 45)
1 Prise zerstoßener Wacholder
2 EL Sonnenblumenöl
2 Wilde Zwiebeln oder kleine Schalotten, gewürfelt
450 g Wildpilze (Pfifferlinge, Austernpilze, Steinpilze oder Champignons), in Scheiben geschnitten
25 g Maismehl
700 g Maisbrühe (Seite 33) oder Gemüsebrühe
235 ml ungesüßter Apfelsaft
1 Zweig Salbei
1 bis 2 EL Ahornessig (oder Apfelessig mit etwas Ahornsirup)
1 Hauch Ahornzucker (oder brauner Zucker)

Bestreuen Sie das Fleisch von allen Seiten großzügig mit Salz und Wacholder. Geben Sie das Öl in einen gusseisernen Topf und erhitzen Sie es auf hoher Flamme. Legen Sie das Schulterstück hinein und braten Sie es von allen Seiten jeweils etwa 4 Minuten lang gut an, sodass es goldbraun ist. Nehmen Sie das Fleisch dann heraus und stellen Sie es beiseite.

Reduzieren Sie die Temperatur und geben Sie nun die Zwiebeln und die Pilze in den Topf. Rühren Sie, bis sie bräunen, was etwa 3 bis 4 Minuten dauern sollte. Rühren Sie dann das Mehl hinein. Wenn es sich aufgelöst hat, fügen Sie die Brühe, den Apfelsaft und den Salbeizweig hinzu und bringen das Ganze zum Kochen. Reduzieren Sie daraufhin die Temperatur, damit alles nur noch leise köchelt. Legen Sie das Schulterstück zurück in den Topf. Legen Sie den Deckel auf und lassen Sie alles zusammen für 1½ bis 2 Stunden schmoren, bis sich das Fleisch leicht vom Knochen ablösen lässt. Probieren Sie und schmecken Sie mit dem Essig und dem Zucker ab.

Nehmen Sie das Fleisch aus dem Topf und legen Sie es auf ein Schneidebrett, wo Sie den Knochen entfernen. Schneiden Sie das Fleisch in Stücke und geben Sie diese zurück in den Topf. Holen Sie den Salbeizweig heraus. Servieren Sie das Gericht in flachen Schüsseln auf Wildreis, Maiskuchen, Hominy oder geröstetem Kürbis.

SÜSSES AUS DER NATUR

Köstliche Desserts ohne Weizenmehl, Milchprodukte oder raffinierten Zucker – die heilige Dreifaltigkeit der Naschwelt – herzustellen, das mag manchem als fast unlösbare Aufgabe erscheinen. Als wir jedoch die indigene Ernährungsweise praktisch von null an neu durchdacht haben, haben wir unsere Gedanken weitab von der europäischen Schatzkiste der Desserts frei schweifen lassen. Wir lenken hier den Blick gezielt auf die süßen Gaben aus der Natur.

Bei den Rezepten in diesem Kapitel setzen wir auf süße und aromatische Früchte, Mais und Kürbis (den wir rösten, damit die darin enthaltenen Zucker karamellisieren) und auf Baumsaft, Honig, Agave sowie fruchtige Sirups. Die Ureinwohner Amerikas haben wenig Honig verwendet, in unserer Küche spielt Honig aber eine bedeutende Rolle. Wir schätzen seine wertvollen Inhaltsstoffe und dass er vielseitig einsetzbar ist. Bienen sind Bestäuber und unentbehrlich für unser lokales Nahrungssystem, und wir finden, Bienenstöcke sollte es in jeder Gemeinschaft geben.

Dass zum Abschluss einer Mahlzeit ein Dessert gehört, ist eine europäische Konvention. Unsere Vorfahren haben süße Nahrungsmittel als Energielieferanten genutzt, sie spielten eine wichtige Rolle für eine gesunde Ernährung, wurden aber nicht als Genussmittel, die man sich zusätzlich gönnt, angesehen. Schokolade nahm man als ein herb schmeckendes oder auch würziges Getränk zu sich, bis die Spanier ankamen und es süßten. Wir haben hier einige Rezepte aufgenommen, in denen Schokolade mit Agave gesüßt wird, da die beiden Zutaten aus derselben Region stammen. Und es sind Rezepte für die traditionellen Kuchen aus Samen und Körnern abgedruckt, die unsere Ahnen beim Kampf, bei der Feldarbeit oder der Nahrungssuche einst als Proviant bei sich getragen haben.

Unsere erfrischenden Tees und anderen Getränke passen ideal zu unseren Gerichten. Manche haben beruhigende Wirkung, andere eine energetisierende; wir selbst trinken sie den ganzen Tag. Bei den Stämmen war es üblich, mit Beeren, Kräutern oder anderen Geschmacksgebern versetztes Trinkwasser in ihrem Lager vorrätig zu haben. Nahrung ist Medizin, und indem wir diese köstlichen, nahrhaften, heilsamen Nahrungsmittel und Gerichte wiederentdecken, knüpfen wir an unsere Vergangenheit an und beleben unsere Kultur neu.

SONNENBLUMENKEKSE

Wahčázi Tȟáŋka Sú Ağúyabskuyela
ergibt etwa 12 Stück

Mehr zu Sonnenblumen,
Seite 186

Mehr zu Maismehl,
Seite 22 und 84

Unsere süßen Sonnenblumenkekse, für die wir bekannt sind, schmecken einfach zu jeder Tageszeit. Wir haben uns dabei von den Sonnenblumenkuchen inspirieren lassen, auf die sich die Krieger der First Nations stets verließen, wenn sie Kraft und Ausdauer brauchten. Sonnenblumen stecken voller Magnesium, B-Vitaminen und Protein – was alles außerordentlich gut für Mädchen und Frauen ist.

250 g Sunny Butter (Sonnenblumenbutter, Seite 35)
80 g Ahornsirup oder Honig (nach Belieben)
1 Prise Salz
40 g Maisgrieß

Heizen Sie den Ofen auf 175 Grad vor. Fetten Sie ein Backblech ein oder legen Sie es mit Backpapier aus. Verrühren Sie in einer kleinen Schüssel die Sonnenblumenbutter, den Ahornsirup (oder Honig) und das Salz miteinander – wenn die Mischung zu fest ist, können Sie ein wenig warmes Wasser zufügen. Nehmen Sie dann einen Esslöffel und stechen Sie kleine Kugeln aus der Mischung ab. Wälzen Sie sie in dem Maisgrieß und legen Sie sie auf ein Backblech. Drücken Sie sie leicht mit der Hand flach. Backen Sie die Kekse etwa 8 bis 10 Minuten lang, bis sie gerade hart werden. Nehmen Sie das Blech dann aus dem Ofen und setzen Sie die Kekse zum Abkühlen auf ein Kuchengitter.

ESSBARE BLÜTEN

Die Blüten von Beerensträuchern und Obstbäumen sind schön als Verzierung und außerdem eine leichte, süße Beigabe zu Salaten und Pfannengerichten. Pflücken Sie nicht zu viele davon, sonst trägt die Pflanze am Ende keine Früchte. Eine oder zwei werden aber bei der Ernte keinen großen Unterschied machen – verschönern dafür jedoch den Anblick des Essens auf dem Teller. Streuen Sie die essbaren Blüten auch über Sorbets oder Kekse und Kuchen.

HERBSTKEKSE

Ptaŋyétu Wóksapi Ağúyabskuyela
ergibt etwa 12 Stück

Diese Kekse sind nicht süß – ihr Geschmack hängt davon ab, für welches Mehl Sie sich entscheiden. Sie können es auch mit einer Mischung aus verschiedenen Mehlsorten versuchen, mit der Sie unverwechselbare Kekse bekommen, die jede Menge Power haben.

Mehr zu Maismehl, Seite 22 und 84

50 g Gemüse-, Wildreis-, Kastanien- oder Eichelmehl (Seite 28, 30 und 31)
75 g feiner Maisgrieß oder 50 g Maismehl
65 g Sunny Butter (Sonnenblumenbutter, Seite 35)
1 große Prise Salz
35 g Ahornzucker, braunen Zucker oder 3 EL Honig
2 EL Sonnenblumen- oder Walnussöl
40 g getrocknete Cranberrys, gekochter Wildreis oder gehackte Nüsse

Heizen Sie den Ofen auf 175 Grad vor. Fetten Sie ein Backblech ein oder legen Sie es mit Backpapier aus. Verrühren Sie in einer großen Rührschüssel das Mehl (oder den Grieß bzw. die verschiedenen Mehlsorten), die Sonnenblumenbutter und das Salz. Rühren Sie den Ahornzucker oder Honig sowie das Öl mit unter und fügen Sie entweder Cranberrys, Wildreis oder gehackte Nüsse hinzu. Es sollte ein fester Teig entstehen. Formen Sie mithilfe eines Teelöffels 2,5 cm große Kugeln und setzen Sie sie mit ungefähr 2,5 cm Abstand zueinander auf das Backblech. Drücken Sie sie mit den Fingern leicht platt. Schieben Sie das Blech in den Backofen und backen Sie die Kekse, bis sie gerade fest und an den Rändern braun zu werden beginnen (etwa 8 bis 10 Minuten lang). Genießen Sie die Kekse noch warm oder abgekühlt und bewahren Sie sie in einem verschließbaren Behälter auf. Sie halten sich darin etwa 3 Tage lang.

Herbstkekse mit Beerensorbet

MAISKEKSE

Wagmíza Ağúyabskuyela
ergibt 12 kleine Kekse

Diese knusprigen, mit Ahornzucker gesüßten und mit Ahornsirup glasierten Kekse schmecken köstlich zu Zedern-Tee (Seite 208). In einem verschlossenen Behälter halten sie sich eine Woche lang.

Mehr zu Maismehl,
Seite 22 und 84

Mehr zu Sonnenblumen,
Seite 186

65 g Sunny Butter (Sonnenblumenbutter, Seite 35)
3 EL Sonnenblumen- oder Haselnussöl
35 g Ahornzucker (oder brauner Zucker)
150 g feiner Maisgrieß oder Maismehl
Ahornzucker zum Bestäuben

Heizen Sie den Ofen auf 175 Grad vor. Fetten Sie ein Backblech ein oder legen Sie es mit Backpapier aus. Verrühren Sie in einer großen Schüssel Sonnenblumenbutter, Öl, Ahornzucker und Maisgrieß oder Maismehl. Stechen Sie mithilfe eines Teelöffels großzügige Portionen vom Teig ab und lassen Sie diese auf das Backblech fallen. Drücken Sie sie mit den Fingern ein bisschen breit. Backen Sie die Kekse ungefähr 10 bis 15 Minuten, bis der Teig fest ist. Nehmen Sie sie dann aus dem Ofen und lassen Sie sie abkühlen. Bewahren Sie die Kekse in einem luftdicht verschließbaren Behälter auf.

AMARANTBISSEN

Wahpé Yatȟápi Iyéčheča Ağúyabskuyela
ergibt 12 Stück

Mehr zu Amarant,
Seite 100

Füllen Sie diese weichen, gehaltvollen Kekse mit Himbeer-Hagebutten-Sauce oder Ihrer Lieblingsmarmelade!

450 g vom Teig für die Amarant-Cracker (Seite 96)
35 g Ahornzucker (oder brauner Zucker)
1 Prise Salz
Himbeer-Hagebutten-Sauce (Seite 182) oder noch etwas Ahornzucker

Heizen Sie den Ofen auf 175 Grad vor. Fetten Sie ein Backblech ein oder legen Sie es mit Backpapier aus. Verrühren Sie in einer Schüssel mittlerer Größe den Amarantteig mit dem Ahornzucker und dem Salz. Stechen Sie mithilfe eines Teelöffels kleine Kugeln aus dem Teig ab und setzen Sie sie mit etwa 2,5 cm Abstand voneinander auf das Backpapier. Wenn Sie die Kekse später füllen möchten, drücken Sie in der Mitte mit dem Daumen eine kleine Mulde in jeden Keks. Backen Sie die Kekse im Ofen 5 bis 8 Minuten lang, bis sie leicht Farbe annehmen und fest werden. Servieren Sie sie mit einem Klacks Himbeer-Hagebutten-Sauce oder Ihrer Lieblingsmarmelade, oder bestreuen Sie sie mit noch etwas Ahornzucker.

Amarantbissen mit Himbeer-Hagebutten-Sauce

SCHOKOHAPPEN MIT PEKANNÜSSEN

Wíyute Itȟúŋwačiyuze
ergibt ungefähr 12 bis 14 Stück

Der Reiz, den Schokolade ausübt – einst ein Geschenk der alten Azteken an die Spanier –, ist wohl kaum zu leugnen. Schokolade wurde ursprünglich als dunkles, bitteres Getränk genossen, und Zucker kam erst später dazu. Bei diesem Rezept haben wir Kakaobutter, Rohkakaopulver und Pekannüsse mit ein wenig Agavendicksaft als Süßungsmittel vermischt. Obwohl keine dieser Zutaten aus unserer Region stammt, stehen sie dafür, wie wir alle die Freude an indigenen Genüssen aus ganz Amerika miteinander teilen können.

110 g Kakaobutter
40 g Rohkakaopulver
200 g Pekannüsse, leicht geröstet
1 Prise Salz
½ Vanilleschote
3 EL Agavendicksaft (nach Belieben)

Legen Sie eine kleine Platte oder einen Teller mit Backpapier aus. Schmelzen Sie in einem kleinen Topf bei niedriger Hitze die Kakaobutter. Rühren Sie das Rohkakaopulver hinein und nehmen Sie die Mischung dann vom Herd.

Zermahlen Sie in einer Küchenmaschine die Pekannüsse zu einer Paste – halten Sie das Gerät zwischendurch mehrmals an, um die Masse von den Seitenwänden abzuschaben. Fügen Sie nach und nach die Kakaobuttermischung hinzu, ebenso das Salz, das Mark aus der halben Vanilleschote und den Agavendicksaft. Die Masse soll weich und geschmeidig werden.

Geben Sie die Masse in eine Schüssel und formen Sie dann mithilfe eines Teelöffels kleine Bällchen oder Bissen, die sie auf die vorbereitete Platte oder den Teller mit dem Backpapier setzen. Stellen Sie das Ganze dann in den Kühlschrank, bis die Masse fest ist. Servieren Sie die Schokohappen bei Raumtemperatur.

KASTANIEN

Bis ins frühe 20. Jahrhundert standen unsere Wälder von Georgia bis hoch nach Kanada und auch nach Westen hin, über Ohio bis nach Südwisconsin, Minnesota und Iowa, voller Amerikanischer Kastanienbäume. Jeder vierte Laubbaum war damals eine Edelkastanie. In den Wäldern, wo die Bäume um Sonnenlicht und Nährstoffe konkurrieren, erreichten manche Exemplare Umfänge, die über den eines Esszimmertisches hinausgingen, und wurden so hoch wie ein siebenstöckiges Gebäude. Ende Juni begannen sie zu blühen, wodurch die von ihnen bevorzugten sanften Hügellandschaften dann aussahen, als wären sie mit Schnee bedeckt.

Scherzhaft auch »Brotbaum« genannt, lieferte die Edel- oder Esskastanie ein wichtiges Grundnahrungsmittel, das man kochen und wie Kartoffeln zerstampfen und trocknen und zu Mehl zum Brotbacken zermahlen konnte. Kastanien wurden roh gleich aus der Hand gegessen, oder man aß sie geröstet als wohlschmeckenden und nahrhaften Snack, und aus den Blättern machte man einen Tee, der als Hausmittel gegen Keuchhusten eingesetzt wurde. Im Oktober sorgten die riesigen Bestände für einen schier endlosen Nachschub an Nahrung, indem sie ihre Früchte abwarfen, die wie Edelsteine glänzten und an denen sich Menschen, wilde Truthähne, Gänse und anderes Wild satt aßen.

All dies fand um die Jahrhundertwende zum 20. Jahrhundert ein Ende, als entlang der Ostküste in den Formengärten der großen Herrenhäuser exotische und ungewöhnliche Pflanzen in Mode kamen. Hobbygärtner führten damals asiatische Kastanienbäume ein – und importierten mit diesen unfreiwillig einen Pilz.

Bereits im Jahr 1904 fanden Forscher heraus, dass ebendieser Pilz Rindenkrebs bei den Amerikanischen Kastanien in New York City verursachte. Die asiatischen Kastanien sind resistent gegen den Pilz, aber bei der Amerikanischen Esskastanie bewirkt der Krebs, dass der Baum kein Wasser und keine Nährstoffe mehr durch die Rinde transportieren kann, sodass er die Bäume schnell zu Tode »stranguliert«. Der unheilvolle Pilz, der diesen zerstörerischen Einfluss hat, besiedelt auch die Rinde anderer Bäume wie der Eiche oder der Esche, jedoch ohne sie zu abzutöten. Durch den Wind und Vögel und andere Tiere breitete er sich sehr schnell aus, und so überzog der Kastanienrindenkrebs die Wälder mit der rasanten Geschwindigkeit von bis zu 80 Kilometern pro Jahr. Holzunternehmer gingen davon aus, dass das Ende der Kastanie damit besiegelt sei, und holzten daher noch vorhandene Bestände des wertvollen Holzes eilig ab.

Inzwischen beginnen hybride Edelkastaniensorten die verlorengegangenen mächtigen Kastanien zu ersetzen, die in Mitleidenschaft gezogenen Landstriche werden aufgeforstet und versorgen uns nun wieder mit Esskastanien.

HIMBEER-HAGEBUTTEN-SAUCE

Tȟakháŋheča na Uŋžíŋžiŋtka Iyúltȟuŋ
ergibt eine ¾ Tasse (ca. 200 g)

Verwenden Sie diese farbenfrohe, geschmacklich intensive Sauce zu Fleisch oder in Salatdressings. Mit Ahornsirup oder Honig gesüßt, lassen sich wunderbar Maiskuchen (Seite 87) oder Wildreisküchlein (Seite 99) damit beträufeln, wie auch alle Sorbets, die auf den Seiten 187 bis 191 vorgestellt sind.

150 g Himbeeren
125 g frische oder 30 g getrocknete Hagebutten
120 ml Wasser oder bei Bedarf auch mehr
1 Spritzer Ahornsirup

Geben Sie die Himbeeren, Hagebutten und das Wasser zusammen in einen kleinen Topf und bringen Sie alles auf mittlerer Flamme zum Kochen. Lassen Sie die Sauce so lange köcheln, bis die Himbeeren zerfallen und die Hagebutten weichgekocht sind. Streichen Sie die Sauce durch ein feinmaschiges Drahtsieb und pressen Sie dabei so viel Fruchtfleisch wie möglich heraus. Süßen Sie die Sauce nach Belieben mit dem Ahornsirup.

EICHEL-WILDREIS-KUCHEN

Úta na psíŋ pakpáŋ kčeyápi
ergibt 8 Stück

Mehr zu Wildreis,
Seite 115 / 116

Diese dunklen, saftigen, herrlich schweren Kuchen, die unsere kulinarische Ethnobotanikerin Tashia Hart, eine Angehörige der Red Lake Band of Chippewa, kreiert hat, sind ein mehr als gewinnendes Dessert. Tashia kann alles identifizieren, was es in der Wildnis an Essbarem gibt, und hat tolle Ideen, was man aus diesen Funden machen kann – wovon unsere Speisekarte sehr profitiert. Sie hat ein Auge für Schönes und ein Gefühl dafür, wie etwas schmeckt – und ein großes Verständnis von den Gaben, die Mutter Erde uns schenkt.

Tashia serviert diese Kuchen mit einer Sauce aus gesüßtem eingekochtem Chaga-Tee (Seite 209) und mit Wildreisbrei (Seite 185) und Johannisbeeren.

160 g Eichelschrot-Mehl (Seite 31)
80 g Wildreis-Mehl (Seite 28)
60 ml Sonnenblumenöl (oder nach Bedarf auch mehr)
85 g Honig
1 Prise Salz

Heizen Sie den Ofen auf 175 Grad vor. Legen Sie ein Backbleck mit Backpapier aus. Mischen Sie in einer Schüssel mittlerer Größe die beiden Mehlsorten und rühren Sie dann das Öl und den Honig hinein, sodass ein glatter Teig entsteht. Geben Sie ein Prise Salz in den Teig. Stechen Sie mithilfe eines Esslöffels Teig ab und bringen Sie diesen auf dem Backpapier in Kreisform. Backen Sie die Kuchen für etwa 12 bis 15 Minuten, bis sie fest sind. Nehmen Sie sie dann aus dem Ofen und lassen Sie sie abkühlen.

PUFFAMARANT-SCHNITTEN (ALEGRÍA)

Waȟpé Yatȟápi Iyéčheča Nabláȟyapi
10 Schnitten à 7 x 4 cm

Mehr zu Amarant, Seite 100

Alegría ist Spanisch und bedeutet »Freude« – und aus Oaxaca in Mexiko stammt eine gleichnamige Süßigkeit dieses Namens. Obwohl fast alle Rezepte dafür die Zutat *piloncillo* – eine Verarbeitungsform von braunem Rohrzucker – nennen, funktioniert es genauso gut mit Ahornsirup oder Honig. Es ist ein einfaches Rezept ohne Firlefanz, und was dabei herauskommt, ist lecker und gesund.

½ Tasse Amarant (100 g)
¼ Tasse Sonnenblumenkerne (35 g)
¼ Tasse getrocknete Cranberrys oder Heidelbeeren (40 g, optional)
½ Tasse Ahornsirup oder Honig (150 g)

Legen Sie ein Schneidebrett oder ein Backblech mit Backpapier aus. Erhitzen Sie eine hohe Pfanne oder einen Wok auf eine hohe Temperatur und geben Sie dann einen Esslöffel Amarant hinein. Schütteln Sie die Pfanne oder den Wok leicht, damit die Körner nicht anbrennen. Nach ungefähr einer halben Minute beginnen sie aufzuplatzen. Schütten Sie sie danach in eine Schüssel. Fahren Sie esslöffelweise so fort. Mischen Sie anschließend die Sonnenblumenkerne und – falls Sie mögen – die Trockenfrüchte unter den Amarant.

Bringen Sie in einem kleinen Topf den Ahornsirup oder Honig zum Kochen und lassen Sie ihn langsam eindicken. Wenn er sich nach etwa 7 Minuten um die Hälfte reduziert hat, fügen Sie den Amarant hinzu. Häufen Sie den Topfinhalt dann auf die vorbereitete Fläche mit dem Backpapier. Formen Sie die Masse unter Zuhilfenahme eines Nudelholzes vorsichtig zu einem Viereck oder Rechteck, das ungefähr 1 bis 2 cm dick sein sollte. Wenn die Masse so weit abgekühlt ist, dass man sie anfassen kann, schneiden Sie sie mit einem scharfen, in Wasser getauchten Messer in Schnitten. Bewahren Sie diese in einem luftdichten Behälter mit Backpapier als Trennhilfe zwischen den einzelnen Schichten auf.

REISBREI AUS WILDREIS

Psíŋ Yužápi
ergibt 4–6 Portionen

Mehr zu Wildreis,
Seite 115/116

Dieser Reisbrei schmeckt sowohl zum Frühstück als auch zwischendurch. Alternativ können Sie den Wildreis auch länger kochen als angegeben und ihn, wenn er fest wird, zu kleinen Bratlingen formen, die Sie dann wie Pfannkuchen in der Pfanne braten können.

4 Tassen gekochter Wildreis (650 g)
3 Tassen (700 ml) Sonnenblumen- oder Haselnussmilch (Seite 187 und 190)
Salz nach Belieben
Ahornzucker oder braunen Zucker nach Belieben

Lassen Sie in einem großen Topf den gekochten Wildreis in der Sonnenblumen- oder Nussmilch ungefähr 15 Minuten lang köcheln, bis er sehr weich ist. Geben Sie dann die Hälfte davon in einen Mixer und pürieren Sie ihn. Gießen Sie den Brei anschließend wieder in den Topf und vermischen Sie alles gut. Schmecken Sie nach Gutdünken mit etwas Salz und Ahornzucker ab. Sie können den Reisbrei nun mit Ahornsirup, Honig oder Wojape (Seite 37) und gerösteten Nüssen garniert warm servieren.

Variante für Wildreispfannkuchen: Um Wildreispfannkuchen zu machen, lassen Sie die Wildreismischung weiter kochen, bis sie sehr klebrig ist. Lassen Sie die Masse abkühlen und formen Sie daraus dann kleine Bratlinge. Geben Sie Sonnenblumenöl oder Haselnussöl in eine schwere Pfanne und erhitzen Sie es auf mittlerer Flamme. Braten Sie die Pfannkuchen von beiden Seiten, bis sie braun sind – etwa 3 bis 4 Minuten pro Seite.

RICING MOON

Der *Ricing Moon* oder *manoominike-giizis* ist für die Ojibwe die Zeit der Reisernte und zugleich eine Zeremonie und eine bestimmte Lebensart. »Man besucht dann Leute, die man das ganze Jahr nicht gesehen hat, einfach, weil praktisch jeder zur Reisernte geht«, sagt Spud Fineday aus White Earth. Bis heute wird die Ernte mit einem Erntedankfesten gefeiert. »In den komplexen Traditionen, die mit der Nahrungsmittelproduktion verbunden sind, drückt sich ein tiefgehendes Verständnis für die Umwelt aus, das alle Aspekte lange überlieferten ökologischen Wissens umfasst, beginnend bei praktischen Handlungsstrategien und Führungstechniken über weltanschauliche Glaubenssätze, die eine nachhaltige Nutzung von Ressourcen mit sich bringen, bis hin zu Wegen, wie das Wissen kommuniziert und erworben wird«, schreibt Nancy Turner in einem ihrer vielen Bücher, »Ancient Pathways, Ancestral Knowledge: Ethnobotany and Ecological Wisdom of Indigenous Peoples of Northwestern North America«.

SONNENBLUMEN

Sonnenblumen gehören zu den ersten Pflanzen, die im Frühjahr ausgesät, und zu den letzten, die im Herbst geerntet werden. Wenn ihre Köpfe von Samen schwer herabhingen, sammelte man sie in Körben und trocknete sie mit dem Kopf nach unten. Sonnenblumenkerne wurden zu Mehl und zu Mus zerstoßen und dazu verwendet, Suppen, Eintopf- und Schmorgerichte anzudicken, oder man formte sie zu kleinen Pattys oder Kuchen. Das auch »Sonnenblumen(kern)butter« genannte Mus ist, wie Erdnussbutter, fettreich und cremig, leicht süß, ein leckerer Brotaufstrich und köstlich als Bestandteil von Keksen und Süßigkeiten. Sonnenblumentriebe und junge Blätter schmecken sehr gut, wenn man sie grünem Salat beifügt. Die größeren Blätter eignen sich gut, um darin bestimmte Gerichte zu kochen.

Wenn Sie selbst Sonnenblumen anbauen, werden Sie sehen, wann die Samen erntereif sind: Die Pflanzen lassen die Köpfe hängen und die kleinen Röhrenblüten in der Mitte sind vertrocknet, die Samenkerne sind gut sichtbar. Um sie zu ernten, schneiden Sie den Kopf der Sonnenblume vom Stengel und platzieren Sie ihn mit dem »Gesicht« nach unten auf einer flachen Oberfläche. Fahren Sie fest mit der Hand über den Blütenteller, und die Samen fallen ab.

SONNENBLUMENMILCH-SORBET

Wahčázi Tȟáŋka Chaȟsníyaŋ
ergibt 1 Tasse (ca. 150 g)

Mehr zu Sonnenblumen,
Seite 186

Nussmilch ist eine köstliche Alternative zu tierischen Milchprodukten, und Sonnenblumenmilch zu machen ist kinderleicht. Sie dient als Basis für dieses feine Sorbet. Servieren Sie es mit Beeren oben drauf oder mit karamellisierten Sonnenblumenkernen. So runden Sie ein Essen auf süße, leichte und erfrischende Weise ab.

1 Tasse Sonnenblumenkerne (140 g)
3 Tassen Wasser (700 ml)
¼ Tasse Ahornsirup (80 g)
1 Prise Salz

Weichen Sie die Sonnenblumenkerne über Nacht in dem Wasser ein. Pürieren Sie anschließend beides zusammen mit dem Ahornsirup und einer Prise Salz für 3 bis 5 Minuten im Mixer, bis die Kerne nicht mehr stückig sind. Schmecken Sie ab und süßen Sie eventuell noch nach.

Um nun ein cremiges Sorbet herzustellen, geben Sie die Mischung in eine Eismaschine oder in eine 22 x 33 cm große eckige Backform. Für ein leichteres Sorbet passieren Sie die Milch vorher durch ein mit einem Passiertuch ausgelegtes Sieb und pressen die gesamte Flüssigkeit heraus. Verwenden sie für die leichtere Sorbetvariante dann nur die auf diese Weise gewonnene Milch. Was zurückbleibt, wird nicht mehr gebraucht. Stellen Sie die Eismaschine oder die Backform ins Gefrierfach. Wenn das Sorbet gefroren ist, schneiden Sie es in Stücke und mixen Sie es mit der Küchenmaschine kurz noch einmal durch, bis es weich und cremig ist. Sofort servieren!

Mais-Sorbet mit Müsliriegel

MAIS-SORBET

Waštúŋkala Čhaȟsníyaŋ
ergibt 4–6 Portionen

Dieses opulente Dessert besteht hauptsächlich aus Maismilch und erinnert tatsächlich an Eiscreme, obwohl es weder Sahne noch Milch oder Eier enthält. Servieren Sie es mit kleingeschnittener Minze und / oder frischen Beeren. Nüsse und Beeren machen sich gut zu jeder Art von Sorbet!

Mehr zu Mais,
Seite 83–85

4 bis 6 ganz frische Kolben Zuckermais
¼ Tasse Ahornsirup (80 g, Menge nach Belieben variierbar)
1 Prise Salz

Befreien Sie die Maiskolben, wenn nötig, von den äußeren Blättern. Stellen Sie einen nach dem anderen in einer flachen Schüssel senkrecht auf das Strunkende und schneiden Sie mit einem scharfen Messer die Körner von oben nach unten vom Kolben. Schaben Sie die Kolben anschließend mit der stumpfen Messerseite noch einmal ab, um viel von der milchigen Flüssigkeit zu erhalten. Geben Sie die Maiskörner, die Maismilch und die Strünke in einen großen Topf oder eine Pfanne mit hohem Rand, fügen Sie gerade so viel Wasser hinzu, dass sie bedeckt sind. Bringen Sie den Inhalt zum Kochen. Reduzieren Sie dann die Hitze und kochen Sie den Mais für etwa 3 bis 5 Minuten, bis die Körner weich sind. Nehmen Sie die Strünke heraus, sie werden nicht mehr gebraucht.

Schöpfen Sie die Maiskörner mit einem kleinen Sieb oder Schöpflöffel heraus und geben Sie sie in einen Mixer. Fügen Sie den Ahornsirup hinzu und pürieren Sie die Maiskörner nach und nach unter Zugabe einer gleichen Menge der milchigen Flüssigkeit, bis Sie eine dicke, breiige Masse erhalten. Schmecken Sie diese mit ein wenig Salz ab. Gießen Sie die Mischung in eine Eismaschine oder eine große Backform und lassen Sie sie im Eisfach gefrieren.

Variante mit geröstetem Zuckermais: Rösten Sie zunächst die Maiskörner in einer Pfanne oder unter dem Grill, bevor Sie wie im Rezept beschrieben fortfahren. Die Maiskörner gewinnen auf diese Weise eine leichte Süße und das Sorbet bekommt eine goldgelbe Farbe.
Sie können auch einzelne geröstete Maiskörner unter das Sorbet mischen, bevor Sie es gefrieren lassen.

WILDREIS-SORBET

Psíŋ Čhaȟsníyaŋ
ergibt 4–6 Portionen

Mehr zu Wildreis, Seite 115/116

Dieses überraschend cremige Sorbet schmeckt wundervoll mit Heidelbeeren, Himbeeren oder gesüßten Cranberrys oben drauf. Lassen Sie es vor dem Servieren kurz antauen.

2 Tassen Wildreis-Brühe (Seite 33, etwa 480 ml)
1 Tasse gut durchgekochter Wildreis (165 g)
3 bis 4 EL Ahornzucker (oder brauner Zucker)
1 Prise Salz
gepuffter Wildreis (Seite 39) zum Garnieren

Pürieren Sie in einer Küchenmaschine mit Stahlmesser oder in einem Mixer die Brühe, den Wildreis, den Ahornzucker und das Salz. Gießen Sie die Masse in eine Eismaschine oder eine flache Kuchenform und lassen Sie sie halb gefrieren. Rühren Sie die Masse währenddessen gelegentlich durch. Servieren Sie das Sorbet, wenn Sie möchten, mit dem gepufften Wildreis garniert.

Haselnuss-Ahorn-Sorbet, Apfelchips, Herbstkeks

HASELNUSS-AHORN-SORBET

Úma na Čhaŋháŋpi Tiktíča Čhaȟsníyaŋ
ergibt 4–6 Portionen

Haselnussmilch kann man ganz einfach selbst herstellen, aber wenn Sie wenig Zeit haben, nehmen Sie ruhig die abgepackte Bio-Haselnussmilch, die es inzwischen in vielen Bioläden und Supermärkten gibt.

3 Tassen Haselnüsse
4 Tassen Wasser (einzeln)
½ Tasse Ahornsirup (nach Belieben)
1 Prise Salz (nach Belieben)

Heizen Sie den Ofen auf 175 Grad vor. Geben Sie die Haselnüsse in einen Bräter und rösten Sie sie etwa 10 bis 15 Minuten lang im Ofen, bis sie nussig riechen und die Haut aufbricht. Holen Sie sie dann aus dem Ofen, schütten Sie sie auf ein sauberes Küchentuch und rubbeln Sie die Nüsse ab, um so einen Teil der Haut zu entfernen.

Füllen Sie die Nüsse in ein hohes Gefäß und gießen Sie Wasser dazu, bis sie bedeckt sind. Lassen Sie die Nüsse für mindestens 2 Stunden oder über Nacht einweichen. Gießen Sie die Haselnüsse dann in ein Sieb, spülen Sie sie ab und geben Sie sie mit 2 Tassen frischem Wasser in einen Mixer. Pürieren Sie die Nüsse, bis sie weich und cremig sind. Passieren Sie die Masse schließlich noch durch einen Nussmilchbeutel oder ein Passiertuch, bis fast alle Flüssigkeit abgelaufen ist.

Gießen Sie die Nussmilch in eine Schüssel und fügen Sie nach Belieben Ahornsirup und Salz hinzu. Schütten Sie die Mischung in eine Eismaschine oder eine große Kuchenform und lassen Sie sie gefrieren. Vor dem Servieren sollte das Sorbet kurz bei Raumtemperatur leicht antauen.

KÜRBIS-SORBET MIT AHORNSIRUP UND CRANBERRY-SAUCE

Čhaŋháŋpi Tiktíča na Wagmú Čhaȟsníyaŋ nakúŋ Wathókeča T'áğa Yužápi
ergibt 4–6 Portionen

Mehr zu Kürbissen, Seite 71

Dieses Sorbet erscheint üppig und gehaltvoll, ist aber tatsächlich ganz leicht und frisch. Alle sind überrascht, wie cremig und reichhaltig es schmeckt, und doch werden Sie nicht mit dem Gefühl vom Tisch aufstehen, viel im Magen zu haben.

900 g Butternut-Kürbis
390 g Ahornsirup
60 ml Apfelsaft
Cranberry-Sauce (Seite 146)

Heizen Sie den Ofen auf 160 Grad vor. Halbieren Sie den Kürbis, entfernen Sie die Kerne und legen Sie ihn mit der Schnittstelle nach unten auf ein Backblech. Geben Sie ein wenig Wasser auf das Blech und rösten Sie den Kürbis etwa 1 Stunde lang im Ofen, bis er weich ist. Nehmen Sie ihn aus dem Ofen. Sobald er so weit abgekühlt ist, dass Sie ihn anfassen können, kratzen Sie das Fleisch heraus und füllen es in einen Mixer oder eine Küchenmaschine mit Stahlmesser. Gießen Sie den Ahornsirup und den Apfelsaft dazu und pürieren Sie alles zusammen. Schütten Sie die Masse dann in eine Eismaschine oder eine niedrige Kuchenform und lassen Sie sie gefrieren. Rühren Sie dabei gelegentlich durch. Servieren Sie das Sorbet mit Cranberry-Sauce übergossen.

HEIDELBEER-, HIMBEER- UND BERGAMOTTE-KONFITÜRE

Háza na Tȟakháŋheča na Waȟpé Waštémna Yužápi
ergibt etwa 2 Gläser à 500 ml

Diese farbenfrohe Konfitüre lässt sich genauso gut als Sauce wie auch als »Löffelsüßigkeit« einsetzen – mit ihr lassen sich Kekse verzieren und Kuchen bestreichen, oder Sie können sie über Wildreis-Pfannkuchen (Seite 185) oder Mais-Sorbet (Seite 188) träufeln.

4 Tassen Heidelbeeren und Himbeeren, vermischt (ca. 600 g)
2 bis 3 EL gehackte Blätter der Wilden Bergamotte
¼ Tasse Ahornzucker oder Honig (35 g oder nach Belieben)

Geben Sie alle Zutaten in einen mittelgroßen Topf und erhitzen Sie sie auf mittlerer Flamme. Zerquetschen Sie die Beeren, um den Saft herauszudrücken. Legen Sie den Deckel auf, bis der Inhalt zu kochen beginnt. Lassen Sie die Beerenmischung dann im offenen Topf leicht köcheln, bis sie eindickt. Machen Sie die Löffelprobe: Die Konfitüre soll am Löffelrücken hängen bleiben. Nehmen Sie die Konfitüre vom Herd und lassen Sie sie abkühlen. Bewahren Sie sie in einem verschlossenen Behältnis im Kühlschrank auf. Sie hält sich etwa eine Woche.

WILDAPFEL-SAUCE (SÜSS ODER PIKANT)

Tȟaspáŋ Yužápi
ergibt 1 bis 1,5 Liter

Wichtiger Hinweis zur Zeder, Seite 24

Von dieser einfachen Sauce kann man je nach Zutaten eine süße oder eine pikante Variante machen. Sie schmeckt toll zu Wildgeflügel, wenn man sie mit Zeder und /oder Salbei pikant würzt. Oder fügen Sie ein wenig Minze und Honig oder späte Heidelbeeren hinzu, dann wird daraus eine Süßigkeit.

1350 g wilde Äpfel oder eine Mischung aus Kulturäpfeln und Holzäpfeln, ohne Kerngehäuse und in grobe Stücke geschnitten
60 ml Apfelsaft
1 Prise Salz
2 EL Honig oder Ahorsirup (nach Belieben)

Mögliche Gewürze (eines davon):
- 2 Salbeiblätter
- 2 Wacholderbeeren
- 1 TL Sumach
- 2 bis 4 EL kleingeschnittene Minzblätter (nach Belieben)

Geben Sie die Äpfel zusammen mit dem Apfelsaft in einen hohen Kochtopf oder eine Bratpfanne mit hohem Rand. Bringen Sie sie mit geschlossenem Deckel leicht zum Kochen und lassen Sie sie dann etwa 20 Minuten lang köcheln, bis die Äpfel sehr weich sind. Nehmen Sie den Deckel ab und fügen Sie Salz, Honig und eines der oben genannten Gewürze hinzu. Lassen Sie die Sauce noch 10 Minuten lang weiterköcheln, bis sie eingedickt ist. Nehmen Sie sie dann vom Herd, probieren Sie und schmecken Sie ab.

Karamellisierter Körner-Mix

KARAMELLISIERTER KÖRNERMIX

Sú Čhaŋháŋpšaša
ergibt ½ Tasse

Dieser Körner-Mix schmeckt so köstlich, dass es passieren kann, dass Sie die ganze Pfanne leeressen, bevor Sie ihn servieren können. Machen Sie also lieber gleich zwei- oder dreimal so viel, wie Sie brauchen. In einem luftdicht verschließbaren Behälter ist der Mix recht lange haltbar. Die Körner sind toll auf Salat oder einfach als Snack.

1 Tasse Sonnenblumenkerne und verschiedene Kürbiskerne, unbehandelt und ohne Schalen
⅓ Tasse Ahornzucker (oder brauner Zucker)

Rösten Sie die Kerne in einer großen haftbeschichteten Pfanne bei mittlerer Hitze, bis sie nussig zu duften beginnen – was etwa 3 Minuten dauern sollte. Rühren Sie dann den Ahornsirup hinein und rühren Sie ohne Unterlass weiter, bis er zergangen ist und die Kerne gut damit überzogen sind. Schütten Sie die Kerne dann auf Wachs- oder Backpapier und lassen Sie sie abkühlen.

IN DER SCHALE GERÖSTETE SONNENBLUMENKERNE

Waȟčázi Ťháŋka Sú Ťhákapi
ergibt 1 Tasse

Mehr zu Sonnenblumen, Seite 186

Machen Sie Ihre eigenen gerösteten Sonnenblumenkerne, als Snack für zu Hause oder zum Mitnehmen für den nächsten Besuch im Stadion.

1 Tasse unbehandelte Sonnenblumensamen in der Schale (120 g)
2 EL grobes Salz
950 ml Wasser

Heizen Sie den Ofen auf 200 Grad vor. Geben Sie die Körner, das Salz und das Wasser in einen Topf und erhitzen Sie ihn bei mittlerer Temperatur. Bringen Sie das Wasser zum Kochen. Reduzieren Sie dann die Temperatur und lassen Sie den Topfinhalt für ungefähr 15 bis 20 Minuten köcheln. Gießen Sie das Wasser ab und breiten Sie die Kerne nebeneinander auf einem Backpapier aus; sie sollen nicht übereinander liegen. Rösten Sie die Kerne, bis sie knackig und aromatisch sind – was etwa 10 bis 15 Minuten dauert. Lassen Sie die Sonnenblumenkerne abkühlen und lagern Sie sie dann in einem luftdicht verschlossenen Behälter.

INDIGENES KNUSPERMÜSLI

Sú Kpaŋkpáŋla
ergibt 4–5 Tassen

Mehr zu Amarant,
Seite 100

Vom Knuspermüsli haben wir immer einen Vorrat, fürs Frühstück oder um unsere Sorbets damit zu garnieren. Man kann es aber auch einfach so wegknabbern!

2 Tassen geröstete Sonnenblumenkerne (Seite 200)
1 Tasse geröstete Kürbiskerne (Seite 201)
½ Tasse gepuffter Amarant (Seite 184)
1 Tasse Corn Nuts (Seite 40)
¼ Tasse Hanfsamen
¼ Tasse Ahornsirup
3 EL Sonnenblumenöl
gemischte getrocknete Kirschen, Heidelbeeren und Cranberrys nach Belieben

Heizen Sie den Ofen auf 150 Grad vor und legen Sie ein Backblech mit Backpapier aus. Vermischen Sie in einer großen Schüssel mit den Händen alle Zutaten mit Ausnahme der getrockneten Kirschen und Beeren. (Das gibt eine kleine Schweinerei, macht aber Spaß, wenn Sie sich ein Kind zu Hilfe holen!) Verteilen Sie die Mischung auf dem Backpapier und schieben Sie sie für etwa 10 Minuten in den Backofen, bis die Kerne und Körner leicht angeröstet sind. Nehmen Sie das Blech dann aus dem Ofen und lassen Sie das Müsli abkühlen, bevor Sie die Kirschen und Beeren hineinmischen. Bewahren Sie das Müsli in einem luftdicht verschließbaren Behälter auf.

Indigenes Knuspermüsli

MÜSLIRIEGEL

Sú Kpaŋkpáŋla Obléthuŋ Kaȟyápi
ergibt etwa 15 Stück

Ein leckerer Snack, toll als Verzierung für unsere Sorbets und köstlich auf Salaten, Suppen oder Ofenkürbis – dabei sind diese Müsliriegel ganz einfach zu machen und halten sich in einem verschlossenen Behältnis mehrere Wochen lang.

½ Tasse Kürbiskerne
½ Tasse Sonnenblumenkerne
1 EL Sonnenblumenöl
¼ Tasse Wildreis – oder ½ Tasse gepuffter Wildreis (Seite 39)
¼ Tasse zerstoßene Corn Nuts (Seite 40)
1 Tasse getrocknete Cranberrys
¼ Tasse getrocknete Heidelbeeren
3 Tassen Sunny Butter (Sonnenblumenbutter, Seite 35)

Heizen Sie den Ofen auf 160 Grad vor. Legen Sie ein Backblech mit Backpapier aus oder fetten Sie es leicht ein. Vermischen Sie in einer kleinen Schüssel die Kürbis- und die Sonnenblumenkerne mit gerade so viel Öl, dass die Kerne damit überzogen sind. Breiten Sie sie dann auf dem Backpapier aus und rösten Sie sie 7 bis 10 Minuten lang im Ofen, bis sie anfangen zu bräunen und knusprig zu werden. Nehmen Sie das Blech aus dem Ofen und stellen Sie es beiseite.

Geben Sie portionsweise – immer nur einen Esslöffel aufs Mal – Wildreis in eine leere Grillpfanne. Stellen Sie sie bei mittlerer Hitze auf den Herd und schütteln Sie sie, bis der Reis aufplatzt. Verfahren Sie genauso mit dem restlichen Wildreis. Stellen Sie ihn dann kurz beiseite.

Vermengen Sie nun in einer großen Schüssel alle Zutaten und streichen Sie die Masse auf das Blech mit dem Backpapier. Backen Sie das Ganze ungefähr 10 bis 12 Minuten lang, wobei Sie das Blech alle 3 bis 4 Minuten jeweils einmal rotierend drehen sollten, bis die Oberfläche gleichmäßig fest und leicht gebräunt ist.

Wenn die Platte abgekühlt ist, schneiden Sie sie in einzelne Riegel. Bewahren Sie diese in einem verschlossenen Gefäß auf, am besten im Kühlschrank, wo sie sich bis zu 3 Wochen lang halten.

Müsliriegel

BÄUME ANZAPFEN – NICHT NUR AHORN

Die meisten Leute denken bei Sirup sofort an Ahornsirup. Obwohl der Ahorn tatsächlich den meisten und konzentriertesten Saft abgibt, mit dem höchsten Anteil an Zucker, gibt es noch viele andere Bäume, die ihre süßen Gaben mit uns teilen.

Butternuss

Dieser Baum gibt weniger Saft ab als der Ahorn, es lohnt sich aber trotzdem, ihn anzuzapfen.

Birke

Dieser Baum produziert Saft mit einem geringeren Zuckeranteil und einem leichten Tannineinschlag, der gut zu pikanten Gerichten passt.

Douglasien-Zucker

Manchmal auch als »Wilder Zucker« bezeichnet, wurde dieser von den Zweigen einzelner spezieller Douglasien abgesammelt und als Süßungsmittel benutzt. Man findet ihn nur selten. Bei Bäumen, die sehr viel Sonne abbekommen und auf gut durchfeuchteter Erde stehen, wird der Zucker an den heißesten Tagen des Hochsommers von den Spitzen der Zweige abgesondert. Er erscheint dann in Form weißer, wie Frost aussehender kleiner Kügelchen auf den Zweigen und kann in ein Behältnis abgesammelt und zum Süßen verwendet werden.

Eschen-Ahorn (Manitoba Maple)

Dieser Baum gibt nur etwa halb so viel Sirup wie Ahorn, der aber auch wohlschmeckend ist.

Platane

Dieser Baum produziert einen Saft, dessen Zuckergehalt etwas niedriger ist als der von Ahornbäumen und einen herrlichen Beigeschmack von Buttertoffees hat.

John Nickaboine beim Einkochen von Ahornsaft, um 1930

OFENKÜRBIS MIT AHORNSIRUP-KRUSTE UND HEIDELBEEREN

Wagmú Chaŋháŋpi Akálapi nakúŋ Háza
ergibt 4–6 Portionen

Wir bieten diese zarten, süßen Kürbisstückchen auf unserer Keksplatte mit an. Sie schmecken köstlich zusammen mit Sorbet oder einfach als leckerer Snack zwischendurch.

450 g Kürbis, geschält, von den Kernen befreit und in 5 cm große Stücke geschnitten
1 EL Haselnussöl
2 EL Ahornsirup
1 Prise Salz
¼ Tasse geröstete grüne Kürbiskerne (30 g)
Heidelbeeren

Heizen Sie den Ofen auf 200 Grad vor. Reiben Sie den Kürbis mit Haselnussöl ein und legen Sie die Stücke dann so auf ein Backblech, dass sie sich nicht berühren. Lassen Sie sie unter mehrmaligem Wenden ungefähr eine halbe Stunde lang rösten, bis sie sehr weich sind und anfangen, an den Rändern braun zu werden. Bestreichen Sie sie nun mit dem Ahornsirup und lassen Sie sie bei hoher Temperatur im Ofen karamellisieren. Streuen Sie dann Salz und die Kürbiskerne darüber und garnieren Sie den Kürbis mit Heidelbeeren. Noch heiß oder lauwarm servieren.

TABAK

Tabak wurde bei den meisten Stämmen von den älteren Männern angebaut. Er kam vorwiegend bei Zeremonien zum Einsatz, war aber auch Handelsobjekt und wurde als Währung verwendet. Tabak stellt eine gemeinschaftsbildende fortlaufende Verbindung dar, über die Menschen mit spirituellen Mächten kommunizieren können. Man legte getrockneten Tabak an den Wurzeln eines Baumes oder Strauches nieder, der einem Heilstoffe lieferte. Bis heute wird, wenn alle zur Wildreisernte zusammenkommen, täglich eine Prise Tabak ins Wasser geworfen, um ruhiges Wetter und eine üppige Ernte zu erbitten. Wenn ein Sturm aufzog, legten Familien zu ihrem Schutz Tabak auf einen nahegelegenen Stein, und man legte ihn an Gräbern nieder, als eine Opfergabe für die Verschiedenen. Mit Tabak wurden Friedensverträge zwischen Stämmen und Einzelpersonen besiegelt. Bei vielen Stämmen (etwa den Ojibwe) gilt Tabak auch weiterhin als heilige Pflanze.

PIPESTONE

Pipestone im südwestlichen Minnesota, nicht weit von der Grenze zu South Dakota, war ein spirituelles Zentrum, wo die Lakota-, die Dakota- und die Yankton-Sioux Stein als Material für ihre rituellen Pfeifen gewannen. Das Gebiet war eine neutrale Zone, zu der man im Frieden kam. Wer den heiligen Boden dort betrat, durfte keine Waffen bei sich führen. Eine Legende der Dakota-Sioux erzählt, dass der Große Geist einst eine Flut geschickt hatte, um die Erde zu reinigen, und der rote Pfeifenstein, der noch stehen geblieben ist, das verbliebene Blut der Vorfahren sei. Der Stein gehört allen Stämmen und wird für nichts anderes verwendet als zum Fertigen von Pfeifen.

DER MYTHOS VOM FEUERWASSER

Es gibt einiges, was gegen die stereotype Vorstellung vom »betrunkenen Indianer« spricht. Viele indigene Völker haben, in allen Regionen der USA, vor der Kolonisation Spirituosen hergestellt, indem sie Maisbrei, Ahorn- oder Birkensaft und Fruchtsäfte fermentierten, um sie bei Zusammenkünften der Gemeinschaft und bei religiösen Zeremonien zu verwenden. Als jedoch die Europäer eingetroffen waren, wurde Alkohol zu einer geschätzten Handelsware, die gegen Pelze, Land und sexuelle Gefälligkeiten eingetauscht wurde.

Die Bezeichnung »Feuerwasser« wurde benutzt, um zu beschreiben, was die Natives gewöhnlich taten, um die Stärke des Alkohols zu testen – nämlich ihn ins Feuer zu schütten. War der Alkohol entflammbar, befanden sie ihn für wert, gekauft zu werden. Feuerwasser stand aber auch für ein übles Gebräu aus Alkohol, Tabaksaft, scharfen Chilischoten und/oder Opium. Zur Zeit der Lewis-und-Clark-Expedition der Jahre 1804–1806 waren die meisten Natives, die sie trafen, mit Alkohol vertraut (siehe P. J. Abbott in *American Indian and Alaska Native Aboriginal Use of Alcohol in the United States*).

Labrador-Tee

TEES UND ERFRISCHUNGSGETRÄNKE

Wir trinken gerne eine ganze Reihe von Tees, die wir aus Kräutern und Teilen von Bäumen aufbrühen, die in unserer Gegend wachsen – zur Erfrischung, aber auch wegen ihrer gesundheitsfördernden Eigenschaften. In ihrem Buch *Traditional Plant Foods of Canadian Indigenous Peoples* weisen Harriet V. Kuhnlein und Nancy J. Turner nach, was für ein tiefgehendes Verständnis von den Heilwirkungen dieser Pflanzen unsere Vorfahren hatten. Die Heilmittel der Natives in Nordamerika haben viel gemeinsam mit denen der traditionellen asiatischen Medizin: Sie alle basieren auf einem umfassenden Verständnis der Natur. Als ich mich auf die Reise begeben habe, konnte ich selbst erleben, dass die indigenen Völker an entgegengesetzten Enden Nordamerikas dieselben Pflanzen mit derselben Absicht benutzten, und da wurde mir mein Weg mit einem Mal klar, und auch, wie viel es noch zu lernen gibt.

LABRADOR-TEE

Ȟaȟáthuŋwaŋ Waȟpé

Wissenswert:
Die Labrador-Pflanze *(Ledum groenlandicum)*, hierzulande Grönländischer Porst genannt, enthält Giftstoffe und sollte daher vorsichtig dosiert werden.

Aus der Labrador-Pflanze lässt sich, wenn man sie in Wasser ziehen lässt, ein Tee herstellen, der – manchmal auch *swamp tea* (Sumpftee) genannt – erstaunlich an English Breakfast Tea erinnert. Die Pflanzen wachsen als dichtes, knie- bis hüfthohes Gebüsch in der nassen, morastigen, sauren Erde niedriggelegener Sumpfregionen in ganz Nordamerika. Das immergrüne Blattwerk ähnelt dem von Rhododendron – mit ledrigen dunkelgrünen über rostbraune bis hin zu magentafarbenen Blättern, die sich am Rand nach unten rollen. Ein gelber Flaum, der die Unterseite der Blätter bedeckt, gibt ein starkes zitronenartiges Aroma ab, wenn man ein Blatt zerdrückt, wodurch die Pflanze einfach zu erkennen ist. Die Pflanze entwickelt ihre attraktiven Dolden mit kleinen weißen Blüten und die duftenden Blätter von Mai bis August.

MINZTEE

Čheyáka

Der (inbesondere kalt serviert) sehr erfrischende Minztee schmeckt köstlich, wenn man ihn mit Himbeer- oder Heidelbeersaft mischt. Lassen Sie 4 Tassen Minzeblätter in 2 Tassen heißem Wasser ziehen.

Zedern-Tee

ZEDERN-TEE

Ȟaŋté

Die Zeder ist ein heiliger Baum, der – wie Süßgras und Tabak – Bestandteil vieler Zeremonien ist. Man verwendet die Zeder für die Reinigung von Wohnräumen, für das Schwitzhüttenritual und als Medizin. Der Tee, der aus den Zweigen gekocht wird, kommt gegen Fieber und rheumatische Beschwerden, Bronchitis und andere Erkältungserkrankungen zum Einsatz. Der hier beschriebene Sud schmeckt sowohl warm als auch kalt und lässt sich ganz einfach zubereiten: Lassen Sie einfach 2 Tassen mit frischen Zweigspitzen der Riesenthuja etwa 10 Minuten lang in 4 Tassen Wasser kurz vor dem Siedepunkt ziehen, bis dieses sich golden färbt. Entfernen Sie anschließend die Zweige, indem Sie den Sud durch ein Sieb gießen, und süßen Sie den Tee mit Ahornsirup, wenn Sie möchten.

Wichtiger Hinweis zur Zeder, Seite 24

BERGAMOTTEN-TEE

Wahpé Waštémna

Die Wilde Bergamotte *(Monarda fistulosa)* hat einen minzeähnlichen Geschmack. Da der Tee sehr stark wird, nehmen Sie nur wenig davon. Lassen Sie 4 Tassen Wilde Bergamotte in 6 Tassen siedendem Wasser ziehen.

HIMBEERBLÄTTER-TEE

Ťhakháŋheča Wahpé

Himbeerblättertee schmeckt gut und hat stärkende Wirkung. Er unterstützt die Verdauung und ist daher perfekt im Anschluss an ein üppiges Essen. Lassen Sie sowohl Himbeerzweige als auch die Blätter mit Wasser bedeckt in einem Topf für 20 Minuten köcheln.

CHAGA-TEE

Ťhaŋpá Aíčhaǧe

Chaga ist ein Pilz, der auf Birken wächst. Er strotzt nur so vor Antioxidantien, und viele behaupten, dass er gegen Krebs hilft. Sein Geschmack erinnert an sehr milden Kaffee mit leicht schokoladigem Beigeschmack. Um daraus einen Tee zu kochen, müssen Sie den Pilz *(Inonotus obliquus)* erst trocknen, bis er hart ist. Dann zermörsern Sie ihn oder zerstoßen ihn in kleine Stücke. Lassen Sie ihn 20 Minuten bis 1 Stunde lang in siedendem Wasser ziehen. Der Tee schmeckt hervorragend mit allen Arten von Nussmilch, insbesondere Haselnussmilch, und mit Honig oder Ahornsirup.

Chaga-Sauce: Kochen Sie den Chaga-Tee ein, bis er eine sehr dunkle Farbe und einen intensiven Geschmack hat. Verdünnen Sie die Sauce dann mit Ahornsirup oder Honig.

SUMACH-LIMONADE

Čhaŋzí Sú Haŋpí

Wichtiger Hinweis zum Sumach, Seite 23 und 45

Die dichtgedrängt wachsenden kleinen Früchte des Hirschkolbensumachs oder Essigbaums *(Rhus thyphina* oder *Rhus hirta)* nehmen, wenn sie etwa Mitte August reifen, eine flammend ziegelrote Farbe an. Aus ihnen lässt sich eine hübsche rote Limonade machen.
Um Sumach-Limonade zu machen, pflücken Sie ein Duzend der roten Fruchtstände. Zerreiben und zerdrücken Sie diese und geben Sie sie in 3,8 Liter kaltes Wasser. Lassen Sie das Ganze 10 bis 20 Minuten lang ziehen. Gießen Sie das Gemisch durch ein feinmaschiges Sieb oder einen mit einem Passiertuch ausgelegten Durchschlag in einen Krug. Süßen Sie die Limonade nach Belieben mit Honig oder Ahornsirup.

INDIGENE PARTNERINNEN, PARTNER UND LEITFIGUREN

Als ich damit begonnen habe, mich intensiv mit indigenem Essen zu befassen, war ich überrascht, so wenig darüber publiziert zu finden. Wenn überhaupt, enthielten Kochbücher Rezepte, bei denen die Küche der First Nations mit der europäischen Küche vermischt wurde – wie Büffel-Hackbraten mit Ketchup oder Eintöpfe, die mit der Pilzrahmsuppe von Campbell's aus der Dose zubereitet werden. Ich vergrub mich also in Bücher über Geschichte und in Texte der Forschungsliteratur, und ich befragte die Älteren, um mir nach und nach mit ihrer Hilfe bruchstückhaft Informationen und ein Bild zu verschaffen. Und es war mir praktisch unbekannt, dass es unter Native Americans noch andere, gleichgesinnte Köchinnen oder Köche und auch im Bildungsbereich tätige Menschen gab, die auf einem ähnlichen Weg waren wie ich.

Im Jahr 2013 lud mich Nephi Craig von den White-Mountain-Apachen zum Native Chef Symposium ein, das von der von ihm gegründeten Native American Culinary Association (NACA) im Sonoran Desert Museum außerhalb von Tucson, Arizona, stattfand. Die Köche und Köchinnen, die ich dort traf, berichteten jeweils davon, was es aus ihrer Sicht über das Essen ihrer Region zu sagen gab. Über die Jahre haben die Leidenschaft und das Wissen dieser Kollegen mich immer wieder inspiriert und neu befeuert. Auch mit ihrer Unterstützung habe ich mein Leben der Erforschung, genauen Kenntnis und Weiterentwicklung indigenen Essens für die Zukunft widmen können.

Hier folgen nun Rezepte und die Geschichten von ebendiesen Köchinnen und Köchen, Lehrenden und Fürsprechern, die alle daran mitarbeiten, dass eine neue indigene Küche entsteht. Die Gerichte sind genauso unterschiedlich und kreativ wie diejenigen, die sie entwickelt und hier beigetragen haben, und aus ihnen allen sprechen die gemeinsamen Werte, die wir mit dem Essen unserer Vorfahren verbinden, sowie der Respekt, den wir diesen entgegenbringen.

RICH FRANCIS

Besitzer und Chefkoch der Seventh Fire Hospitality Group

JAKOBSMUSCHELN MIT EINER DREI-SCHWESTERN-REDUKTION UND VIER HEILMITTELN

ergibt 4 Portionen

Mehr zu Ramp-Lauch, Seite 39

Als Finalist bei Kanadas Variante der Kochshow *Top Chef* hat Rich Francis das indigene Essen seiner Heimat – des Six Nations-Reservats, Ontario – einem breiteren Publikum bekannt gemacht. Seine Gerichte sind innovativ, inspirierend und einfach gut, und sie repräsentieren die Küche der First Nations traditionsverbunden in einem neuen Licht. Dieser Appetizer ist ein bewährtes Element auf seinen Speisekarten.

Nach dem Originalrezept werden die Jakobsmuscheln auf einer Abalone-Räucherschale serviert, zur Verzierung mit der Drei-Schwestern-Reduktion beträufelt (einer Sauce aus Mais, Bohnen und Kürbis), mit einem Hauch Vanille aromatisiert und zum Abschluss nicht zu sparsam mit einer Portion Kaviar vom Stör belegt. Wir haben uns erlaubt, das Rezept unter Verwendung der bei uns heimischen Aromen ein wenig abzuwandeln. Die Vier Heilmittel – Tabak, Süßgras, Salbei und Zeder –, die unter der Schale ihren Rauch verströmen, tragen so ihre Aromen bei und bereichern das Genusserlebnis noch weiter. »Das hier ist wie mein Kind«, sagt Francis. »Ich habe es aufwachsen und zu dem werden sehen, was es jetzt ist – perfekt in seiner Schlichtheit. Alles, was ich als Koch tue, trägt zur First Nation Cuisine bei oder soll ihr insgesamt dienen. Was derzeit mit unserer Küche geschieht, ist wirklich aufregend, und sie gehört Seite an Seite mit den anderen globalen Küchen nach vorne in die erste Reihe.«

Wichtiger Hinweis zur Zeder, Seite 24

170 bis 225 g Jakobsmuscheln
Räuchersalz (Seite 45)
2 EL Sonnenblumenöl
40 g gewürfelte Wilde Zwiebeln oder Ramp-Lauch
1 Maiskolben, die Körner bereits vom Kolben geschnitten
170 g gekochte weiße Bohnen
200 g gewürfelter gerösteter Kürbis mit Ahornaroma (Seite 69)
2 EL Ahornessig (oder Apfelessig mit etwas Ahornsirup)
Ahornsirup nach Belieben
Wasser oder Maisbrühe (Seite 33) nach Bedarf
1 EL fein gehackte Zeder
1 große Prise Salbei-Asche (Seite 44)

Tupfen Sie die Jakobsmuscheln trocken und salzen Sie sie mit dem Räuchersalz. Erhitzen Sie das Öl in einer großen ofenfesten Pfanne oder einem Bräter bei mittlerer Hitze, bis es fast den Rauchpunkt erreicht hat. Geben Sie dann die Jakobsmuscheln hinein und braten Sie sie etwa je 2 bis 4 Minuten lang von beiden Seiten, bis sie schön gebräunt sind und sich fest anfühlen.

Geben Sie die Zwiebeln, den Mais, die Bohnen und den Kürbis in einen kleinen Topf und gießen Sie den Ahornessig und den Ahornsirup darüber. Bringen Sie den Topfinhalt bei mittlerer Hitze zum Kochen und lassen Sie alles, wenn es gar ist, etwas einkochen. Pürieren Sie den Inhalt dann in einer Küchenmaschine oder in einem Mixer und fügen Sie, wenn nötig, etwas Wasser oder Maisbrühe zum Verdünnen hinzu. Salzen Sie noch einmal mit Räuchersalz. Verteilen Sie die Reduktion mit einem Löffel auf der Servierplatte oder einzelnen Tellern. Servieren Sie die Jakobsmuscheln auf der Sauce und streuen Sie die fein gehackten Nadelspitzen und die Salbei-Asche darüber.

Unter der Servierplatte oder den einzelnen Tellern können die vier Heilmittel – Tabak, Süßgras, Salbei und Zeder – entzündet werden.

TRADITIONEN NÄHREN

In gutem Essen stecken viel Erfahrung und Sorgfalt, eine Vielfalt an Methoden und Kenntnissen zur Verfeinerung, und ein Schatz an Erinnerungen. Es hat einen Wert, der in Geld nicht zu bemessen ist, auch wenn manche Leute vielleicht versuchen, sich zur eigenen Bereicherung die Arbeit anderer gut bezahlen zu lassen. In den Händen von Menschen, die die Geduld aufbringen, ihr Handwerk zu lernen und zu meistern, und es mit Liebe zur Sache und mit Elan an andere weitergeben, wird all das, was uns heilig ist, überleben.

KARLOS BACA

Chefkoch

MIT NAVAJO-TEE GERÄUCHERTE WACHTELN MIT MANOOMIN-PUFFERN, EINGELEGTEM CHOLLA-KAKTUS UND LICHII-SAUCE

ergibt 2–4 Portionen

Karlos Baca, der sein Kochhandwerk in der klassischen französischen Küche erlernt hat, wendet sein Talent und sein Können heute auf das Essen aus seiner Heimatregion, der Gegend um Four Corners in Colorado an. Yucawurzeln, Kiefernnadeln, Navajo-Tee – die Nahrungsmittel, die er in der Natur sammelt, erzählen von der Landschaft, aus der sie stammen, und von dem, was Native Americans hier erlebt haben. »Früher habe ich das alles wohl millionenmal beim Wandern gesehen, wusste aber nicht, dass man es essen kann«, sagte er mir einmal. »Ich möchte, dass die Leute wissen, dass dieses Essen einen wertvollen Teil unserer Kultur darstellt.«

Als Gründer der indigenen Lebensmittel-Kooperative The Taste of Native Cuisine bringt Baca Native Americans zusammen, die beruflich in führender Position oder auch als einfache Köchin oder Koch arbeiten, um mit ihnen zusammen die indigenen Gemeinschaften in der Four-Corner-Region mit in der freien Natur gesammelter oder erlegter Nahrung zu versorgen. Er engagiert sich in der Jugendarbeit und in indigenen Gruppen, und er hat einen eigenen Garten angelegt, in dem er alte Sorten anbaut.

Fürs Räuchern

4 Wachteln
3 kleine Bündel Navajo-Tee, der zerbröselt 5 Minuten lang gezogen hat
6 Wilde Zwiebeln, grob gewürfelt
1 EL Dreilappiger Sumach

Legen Sie die Tee-Zwiebel-Sumach-Mischung in den Smoker und räuchern Sie damit die Wachteln 1 Stunde lang bei 120 Grad. Wenn Sie die Haut gerne knuspriger haben, braten Sie sie in der Pfanne in Entenschmalz goldbraun.

Mehr zu Ramp-Lauch, Seite 39

Für die Puffer

250 g gekochter Wildreis (Seite 117)
40 g in feine Scheiben geschnittene Wilde Zwiebeln oder Ramp-Lauch
1 Entenei
40 g Wildreis-Mehl (Seite 28), als ebenfalls sehr schmackhafte Alternative: Mesquite-Mehl
1 EL Entenschmalz (Seite 137)
Salz und Pfeffer nach Belieben

Vermengen Sie alle Zutaten und formen Sie daraus 5 cm große Puffer. Braten Sie diese im Entenschmalz goldbraun.

Für den eingelegten Cholla-Kaktus

100 g gekochte Blütenknospen des Cholla-Kaktus
¼ TL Dreilappiger Sumach
¼ TL Chiltepin-Chilis
1 Lorbeerblatt
2 Tassen Wasser
60 ml Apfelessig
70 g Salz

Bringen Sie alle Zutaten in einem Topf zum Kochen und lassen Sie sie anschließend für 10 Minuten köcheln. Nehmen Sie den Topf dann vom Feuer und stellen Sie ihn über Nacht in den Kühlschrank. Die eingelegten Cholla-Knospen halten sich in diesem Sud etwa einen Monat lang.

Wissenswert:
Lichii bedeutet »Brot« – die Sauce wird als Dip für Brot verwendet.

Für die Lichii-Sauce

260 g Red Chile Sauce (mein Favorit für dieses Rezept ist Smoked-Anchos-Sauce, aber es geht auch gut mit New Mexico Red Chile-Sauce)
2 Tomaten
¼ Zwiebel
1 rote Chili
¼ TL fein gehackter Knoblauch
etwas Entenschmalz zum Andünsten
3 EL Honig (Ahornsirup geht auch)
2 EL Butter
1 EL Salz

Flämmen Sie Tomaten, Zwiebel und die rote Chili über einer offenen Flamme ab, bis sie schwarz sind. Schwitzen Sie Knoblauch in Entenschmalz an. Geben Sie dann Red-Chile-Sauce, Tomaten, Zwiebel, rote Chili und Honig dazu und lassen Sie alles 10 Minuten lang kochen. Pürieren Sie es im Mixer und geben Sie die Butter hinzu. Salzen.

LOIS ELLEN FRANK

Chefköchin

WAPITI IN KORIANDERBEIZE MIT EINER SAUCE AUS GETROCKNETEN TRAUBENKIRSCHEN

ergibt 6 Portionen

Lois Ellen Frank, Autorin des mit dem James Beard Award ausgezeichneten Buches »Foods of the Southwest Indian Nations«, ist für uns alle eine große Inspiration. Die in Santa Fe in New Mexico lebende Lebensmittelhistorikerin, Fotografin und Expertin für indigene Nahrungsmittel dokumentiert mit großer Hingabe die Ernährungs- und Lebensweisen unserer im Südwesten lebenden Volksstämme. Mit einem Doktortitel im Fach Anthropologie ausgestattet, verbindet sie gekonnt und mit Herz und Seele akademische Maßstäbe mit ihrer eigenen Geschichte. Zusammen mit Walter Whitewater, einem Navajo-Koch, der sich das Handwerk selbst beigebracht hat, hat sie Red Mesa Cuisine gegründet, ein einzigartiges Cateringunternehmen, das auf indigenes, lokal produziertes, nachhaltiges Essen spezialisiert ist.

»Die Native American Cuisine floriert derzeit so stark, weil gerade viele Menschen wieder das Essen kochen, das ihre Vorfahren gegessen haben, und dabei die Zutaten benutzen, die es früher gab«, schreibt sie. »Die heutige Bewegung – das Indigenous Food Movement – hält unser traditionelles ökologisches Wissen (Traditional Ecological Knowledge, TEK) für weitere zukünftige Generationen am Leben. Essen ist unser Heilmittel, und wir geben damit nicht nur unseren Körpern, sondern auch unseren Seelen und unserem Geist Nahrung. Es hält in uns das Wissen wach, wer wir sind und wo wir herkommen. Essen ist ein Teil unserer Identität.«

Lende vom Wapiti-Hirsch mag für viele sicher etwas Ungewohntes sein, es lohnt sich aber, sie mal auszuprobieren. Das Fleisch ist zart und sehr wohlschmeckend, aromatischer als Reh. Sollten Sie aber kein Wapitifleisch bekommen, können Sie das Rezept genauso gut mit gewöhnlichem Hirsch- oder Rehfleisch machen.

1 Wapitilende (etwa 900 g) – oder ersatzweise Rehlende

Für die Korianderbeize
2 TL Korianderkörner
1 TL Kreuzkümmel
1 TL Fenchelsamen
1 TL schwarze Pfefferkörner
1 TL getrockneter Thymian
1 TL Chilipulver (aus New Mexico- oder Anaheim-Chilis)
1 TL Salz
1 TL Olivenöl

Wissenswert:
Beachten Sie, dass außer dem Fruchtfleisch alle Pflanzenteile der Traubenkirsche giftig sind, auch die Kerne. Entfernen Sie diese vor dem Verzehr aus den Früchten.

Für die Traubenkirschen-Sauce
½ Tasse getrocknete oder frische Traubenkirschen (ohne Stein!)
3 Tassen Traubenkirschensaft
2 Tassen Wasser
¾ Tasse getrocknete Sauerkirschen und Süßkirschen (entsteint)

Bereiten Sie das Fleisch vor, indem Sie jegliches Fett (falls vorhanden) entfernen. Vermischen sie die trockenen Gewürze in einer kleinen Backpfanne und rösten Sie sie, indem sie diese entweder für ungefähr 5 Minuten im Ofen oder in einer trockenen Grillpfanne auf den Herd stellen. Sie sollen goldbraun werden. Geben Sie dabei gut acht, dass Sie die Gewürze nicht verbrennen, da dies den Geschmack beeinträchtigen würde. Das Rösten soll den Geschmack der einzelnen Gewürze stärker hervorbringen, es soll aber keines davon anbrennen. Nehmen Sie die Backpfanne aus dem Ofen oder die Pfanne vom Herd und lassen Sie die Mischung abkühlen. Mahlen Sie die Gewürze dann in einer Gewürzmühle.

Entnehmen Sie die Gewürzmischung aus der Gewürzmühle und reiben Sie beide Seiten des Wapitifilets damit ein, bis das gesamte Fleisch damit überzogen ist. Legen Sie das Filet dann in eine Backpfanne, decken Sie sie mit Plastikfolie ab und stellen Sie das Ganze über Nacht in den Kühlschrank.

Zur Herstellung der Sauce mischen Sie die Traubenkirschen mit dem Traubenkirschsaft in einem mittelgroßen Topf. Kochen Sie die Mischung bei mittlerer Temperatur ungefähr 15 Minuten lang unter gelegentlichem Rühren, bis sie sich eindickt. Fügen Sie dann das Wasser hinzu und kochen Sie den Topfinhalt einmal auf, bevor Sie die Temperatur wieder verringern und alles noch für weitere 20 Minuten ohne Deckel kochen lassen, bis die Sauce etwa um die Hälfte eingekocht ist. Nehmen Sie den Topf vom Herd und passieren Sie die Sauce durch ein feinmaschiges Sieb. Schütten Sie die Sauce dann in den Topf zurück.

Geben Sie die getrockneten Kirschen in die Sauce und kochen Sie alles zusammen nochmals 10 Minuten, bis die Trockenkirschen weich geworden sind. Wenn die Sauce nicht dick genug ist, können Sie die Hälfte davon in ein Mixgefäß gießen und diesen Teil im Mixer pürieren, sodass Sie eine flüssige Masse erhalten, die Sie in die übrige Sauce im Topf dann zurückgießen. Verrühren Sie beides miteinander.

Holen Sie am folgenden Tag das Wapitifilet aus dem Kühlschrank. Heizen Sie den Ofen auf 200 Grad vor. Erhitzen Sie das Olivenöl in einer mittelgroßen schweren Grillpfanne, es soll sehr heiß sein, aber nicht den Rauchpunkt erreichen. Braten Sie das Wapitifilet jeweils etwa 3 Minuten rundum auf allen Seiten scharf an, nehmen Sie es dann vom Feuer. Legen Sie das Filet nun in einen Bräter und geben Sie es für 8 bis 12 Minuten in den heißen Ofen, wenn Sie es medium rare mögen, ansonsten etwas länger. Holen Sie es aus dem Ofen und lassen Sie es einige Minuten ruhen. Schneiden Sie das Filet dann auf und servieren Sie es heiß, nachdem Sie mit einem Löffel etwas von der Kirschsauce darübergegeben haben.

ANDREA MURDOCH

Chefköchin

SNACKMIX FÜR DEN INKA-PFAD

ergibt 6 ½ Tassen

Die Chefköchin Andrea Murdoch hat, als sie sich mit ihren Inkawurzeln befasst hat, viel recherchiert und mit einer Reihe von Nahrungsmitteln experimentiert, die ebenso alt wie nahrhaft sind. »Nehmen wir zum Beispiel Quinoa, ein Grundnahrungsmittel meiner Vorfahren, das eine lange und bedeutende Geschichte hat«, sagte sie. »Quinoakörner sind klein, wiegen nicht viel und enthalten viel Protein, daher haben die Soldaten Quinoa mitgenommen, wenn sie auf Patrouille oder auch auf die Jagd gingen. Es ist eine so wichtige Pflanze, dass es ein Tieropfer erforderte, wenn man um eine gute Ernte bitten wollte. Heute ist Quinoa besonders interessant für Menschen, die glutenfrei oder vegan leben. Den Snackmix für den Inka-Pfad habe ich für die Teilnehmenden eines Lauf-Events zusammengestellt, bei dem es darum ging, ein größeres öffentliches Bewusstsein für PTBS, die posttraumatische Belastungsstörung, zu schaffen, eine Krankheit, von der so viele betroffen sind, die unserem Land im Kampf gedient haben.«

Dieser leicht herzustellende leckere Snack hält sich gut mehrere Monate lang in einem verschlossenen Behälter. Sie können ihn auch über Salate oder Gemüsegerichte streuen oder als Garnierung für Suppen nutzen.

Mehr zu Amarant,
Seite 100

1 ¾ Tassen Quinoa
1 ¾ Tassen Amarant
1 ¼ Tassen Kürbiskerne
2 EL Sonnenblumenöl
2 Tassen getrocknete Heidelbeeren
1/3 Tasse und einzelne 2 EL Agavendicksaft oder Ahornsirup

Heizen Sie den Ofen auf 175 Grad vor. Spülen Sie den Quinoa in einem großen, feinmaschigen Drahtsieb unter fließendem kaltem Wasser ab und lassen Sie ihn abtropfen. Verteilen Sie ihn dann gleichmäßig auf einem Backblech und trocknen Sie ihn im Ofen etwa 10 Minuten lang, wobei Sie ihn nach der Hälfte der Zeit einmal kurz aufschütteln. Wenn Sie Röstgeschmack mögen, können Sie den Quinoa auch noch 5 weitere Minuten im Ofen lassen. Geben Sie ihn dann in eine große Rührschüssel.

Stellen Sie einen mindestens 10 cm hohen Topf bei heißer Temperatur auf den Herd und geben Sie einige Esslöffel Amarant hinein, um gepufften Amarant zu machen. Mit Deckel arbeiten, denn der Amarant wird genauso hochspringen wie Popcorn. Machen Sie den Puffamarant portionsweise und geben Sie ihn mit in die große Rührschüssel.

Vermengen Sie die ungerösteten Kürbiskerne mit dem Sonnenblumenöl und breiten Sie sie dann auf einem Backblech aus. Rösten Sie die Kürbiskerne für etwa 10 Minuten, bis sie bernsteinfarben sind. Geben Sie dann auch die Kürbiskerne in die Rührschüssel.

Fügen Sie den Zutaten in der Rührschüssel nun noch die Heidelbeeren hinzu, zusammen mit dem Agavendicksaft, und vermengen Sie alles gut miteinander. Breiten Sie die Mischung gleichmäßig auf zwei Backblechen aus und stellen Sie diese 6 Minuten lang in den Ofen. Rühren Sie dann einmal durch und lassen Sie den Mix noch einmal 6 Minuten lang weiterrösten. Holen Sie dann die Bleche aus dem Ofen und lassen Sie den Mix vollkommen auskühlen. Bewahren Sie ihn in einem luftdicht verschlossenen Behältnis auf, er hält sich darin etwa eine Woche – oder Sie frieren den Mix ein.

BRIAN TATSUKAWA

Chefkoch

J. D. KINLACHEENYS CHILCHIN-PUDDING (SUMACH-PUDDING)

ergibt 4–6 Portionen

Brian Tatsukawa ist Ausbildungsleiter für angehende Köchinnen und Köche sowie Lehrstuhlinhaber an der Navajo Technical University in Crownpoint, New Mexico. Er unterrichtet und inspiriert junge Natives, die Koch oder Köchin lernen, auf ihrem Berufsweg, indem er ihnen immer wieder die Gelegenheit gibt, ihr Erbe und ihre Kultur durch die Gerichte, die sie kochen, zu ergründen. Erstmals begegnet sind wir uns beim Native Chef Symposium, das Chefkoch Nephi Craig organisiert hatte. Aus den folgenden Rezepten eines Schülers und einer Schülerin von Brian spricht seine kluge Führung und seine Weisheit.

Bei einer Veranstaltung in Idyllwild in Kalifornien, ganz oben auf den San Jacinto Mountains, traten einmal Chefköchin Terri Ami, einst eine Schülerin von Brian, und ich in einem unernsten Kochwettbewerb gemeinsam gegen Chefkoch Freddie Bitsoie und Chefköchin Felicia Cocotzin Ruiz an. Die Jury wurde von der Chefköchin Loretta Barrett Oden, der durch ihre Radiosendungen bekannten Evan Kleinman und unserem lieben Freund Shane Plumer gebildet. Terri und ich belegten den ersten Platz und bekamen als Preis einen besonderen handgefertigten Topf verliehen. Diese jungen, talentierten Chefköchinnen und -köche sind die Zukunft indigener Esskultur.

1,4 Liter Wasser
95 g Dörraprikosen
4 EL getrocknete und zerstoßene Früchte des Dreilappigen Sumachs
150 g Grieß von trocken geröstetem weißen Mais
170 g Honig
2 EL geröstete Pinienkerne

Gießen Sie 2 Tassen Wasser in eine mittelgroße Schüssel und weichen Sie darin die Aprikosen ein, bis sie weich sind. Gießen Sie sie danach durch ein Sieb ab und fangen Sie das Aprikosenwasser auf. Stellen Sie die Aprikosen wie auch das Aprikosenwasser zunächst beiseite.

Füllen Sie das übrige (noch unbenutzte) Wasser zusammen mit den Sumachfrüchten und dem trocken gerösteten Maisgrieß in einen mittelgroßen Topf. Bringen Sie es zum Kochen und rühren Sie dabei die ganze Zeit. Nachdem die Mischung sich zur Konsistenz von Pudding verdickt hat, geben Sie die Hälfte des Honigs hinein und verrühren ihn.

Rösten Sie in einer kleinen Bratpfanne die Pinienkerne bei mittlerer Hitze, bis sie goldbraun sind – das dauert etwa 2 bis 4 Minuten.

Verrühren Sie in einem kleinen Topf den übrigen Honig mit dem beiseitegestellten Aprikosenwasser. Bringen Sie die Mischung zum Kochen und rühren Sie so lange, bis sie sich zu Sirup verdickt.

Um den Pudding zu servieren, geben Sie eine Portion davon in eine Schüssel. Setzen Sie 2 bis 4 der eingeweichten Aprikosen darauf und ½ TL des Aprikosensirups und bestreuen Sie das Ganze mit Pinienkernen.

TERRI AMIS BLAUER MAISBREI

ergibt 4–6 Portionen

Wichtiger Hinweis zur Zeder, Seite 24

350 ml Wasser
½ TL Zedern-Asche, gesiebt
120 ml kaltes Wasser
150 g blauer Maisgrieß
optional: 85 g Honig aus der Region oder Agavendicksaft oder ein Süßungsmittel Ihrer Wahl
optional: 150 g Beeren aus der Region

Bringen Sie das Wasser in einem mittelgroßen Topf zum Kochen. Rühren Sie die gesiebte Asche hinein, bis sie sich darin aufgelöst hat. Reduzieren Sie die Hitze auf mittlere Temperatur.

Verrühren Sie in einer kleinen Schüssel das kalte Wasser mit dem Maisgrieß. Rühren Sie dann diese Mischung kräftig mit dem Schneebesen in das heiße Wasser und rühren Sie immer weiter, bis Sie einen weichen Grießbrei haben. Süßen Sie nach Belieben und servieren Sie den Brei warm oder kalt, und, wenn Sie mögen, mit frischen Beeren.

FREDDIE BITSOIE

Chefkoch

MAISBRÜHE

ergibt etwa 1,9 Liter

Freddie Bitsoie, einstiger Küchendirektor des renommierten Mitsitam Cafés im National Museum of the American Indian in Washington, D.C., ist einer der gefragtesten Lehrer und eines unserer wichtigsten Sprachrohre. Er verfügt über ein profundes Wissen in den Bereichen Kunstgeschichte und Anthropologie, und seine Leidenschaft für Navajo-(Diné)-Gerichte vermittelt er äußerst schwungvoll und geistreich. Seine schlichten, eleganten Rezepte sind ebenso inspirierend, wie sie zugänglich sind.

»Diese Brühe ist bei uns in der Küche dauernd im Einsatz: Sie ist leicht zu machen und wird eher noch besser, je länger sie hinten auf dem Herd vor sich hin köchelt«, sagte er. Um eine deftige Suppe oder einen Eintopf daraus zu machen, geben Sie geräucherten Fisch oder Räucherente hinein. Fügen Sie gequollenen Hominy-Mais hinzu oder Bohnen, wenn Sie eine sättigende Mahlzeit daraus herstellen wollen. Im Kühlschrank hält sie sich über mehrere Tage und lässt sich auch gut einfrieren.

6 frische Maiskolben, von den Hüllblättern befreit
3,8 Liter Wasser
80 g frische oder tiefgefrorene Maiskörner (oder aus der Dose)
3 Stangen Sellerie, grob in Stücke geschnitten
3 Karotten, grob in Stücke geschnitten
3 gehackte Knoblauchzehen
4 Zweige frischer Thymian
2 Lorbeerblätter
Salz und Pfeffer nach Belieben

Geben Sie alle Zutaten mit Ausnahme des Salzes und Pfeffers in einen Topf. Bringen Sie den Inhalt zum Kochen und drehen Sie dann die Temperatur so weit herunter, dass das Wasser nur noch leicht köchelt. Lassen Sie die Brühe ungefähr 3 Stunden lang vor sich hin köcheln. Gießen Sie die Brühe dann durch ein Sieb ab und entfernen Sie das Gemüse. Filtern Sie, um eine klare Brühe zu erhalten, diese noch ein weiteres Mal mithilfe von Küchenpapier durch ein Sieb. Gießen Sie sie dann zurück in den Topf. Stellen Sie diesen bei mittlerer Hitze auf den Herd und lassen Sie die Brühe auf ein Viertel der ursprünglichen Menge einkochen. Salzen und pfeffern Sie sie nach Geschmack. Würzen Sie gegebenenfalls vor dem Servieren noch einmal nach. Servieren Sie die Maisbrühe kalt oder warm.

FELICIA COCOTZIN RUIZ

Chefköchin

ZWEIERLEI MARMELADE MIT BISS

ergibt ungefähr 550 ml

Die Chefköchin Felicia ist eine Inspiration für mich. In ihren Facebook- und Instagram-Posts präsentiert sie authentische pflanzenbasierte Rezepte, die alle aus der Geschichte und der Kultur des Südwestens erwachsen sind. Sie transportieren die markanten Aromen dieses zutiefst spirituellen Ortes.

Diese Marmelade schmeckt toll auf Mesquitecrackern, Pfannkuchen aus Blauem Mais oder auf Amarantporridge.

450 g Tomatillos, von den äußeren Blättern befreit, gewaschen und gewürfelt
450 g Xoconostle (Frucht des Feigenkaktus), halbiert und geschält, die Samen mit einem Löffel entnommen
250 bis 340 g Honig
235 ml Wasser
½ TL Meersalz

Geben Sie alle Zutaten in einen großen Topf und bringen Sie sie zum Kochen. Reduzieren Sie dann die Temperatur, damit der Inhalt nur noch köchelt, rühren Sie kräftig um und lassen Sie die Fruchtmischung 45 Minuten lang kochen, bis sie die Konsistenz von Marmelade bekommt. Sie wird noch fester, während sie abkühlt, und hält sich dann etwa ein halbes Jahr in gut verschlossenen Gefäßen im Kühlschrank.

VALERIE SEGREST

Chefköchin

WILDE BEEREN MIT AMARANT

ergibt 2 Portionen

Valerie Segrest, Mitglied des Muckleshoot Indian Tribe, hat als indigene Ernährungsberaterin ihren Fokus auf regionale, traditionelle Nahrungsmittel gelegt. Sie macht sich als Koordinatorin des Muckleshoot Food Sovereignty Project (einem Projekt für die Rückerlangung der Nahrungsmittelsouveränität der Muckleshoot) für ihre Gemeinschaft verdient und ist außerdem deren Beauftragte für das traditionelle Nahrungs- und Heilmittel-Programm. Zusammen mit Elise Krohn ist sie Co-Autorin des Buches *Feeding the People, Feeding the Spirit: Revitalizing Northwest Coastal Indian Food Culture*.

Huckleberrys (eine Bezeichnung für verschiedene Blaubeerarten) wachsen überall im Pazifischen Nordwesten. »Manche sind hellrot und haben einen bitteren Beigeschmack, andere sind groß wie Trauben und glänzen dunkelviolett«, schreiben Valerie und ihre Co-Autorin. »Zeremonien, spirituelle Reisen, Ernte- und Ehrbezeigungsgesänge, sorgsames ökologisches Wirtschaften, all das feiert die edle Rolle der Huckleberrys in unserer Kultur.«

Mit dem Gericht erhält man ein köstliches Frühstück. Dazu passt jegliche Art von Beeren, die Sie vielleicht gerne dazu servieren möchten.

250 g Amarant
Wasser
1 Prise Salz
150 g Huckleberrys oder andere wildwachsende Beeren
1 EL Ahornsirup
2 TL Balsamicoessig

Mehr zu Amarant, Seite 100

Schütten Sie den Amarant in eine Schüssel, geben Sie genug Wasser dazu, dass es den Amarant 2,5 cm hoch bedeckt, und lassen Sie diesen dann über Nacht quellen. Gießen Sie Amarant und Einweichwasser in einen Durchschlag und spülen Sie den Amarant unter kaltem fließendem Wasser ab. Geben Sie den Amarant mit einer Prise Salz in einen Topf mit so viel Wasser, dass der Amarant bedeckt ist. Bringen Sie den Topfinhalt zum Kochen und reduzieren Sie anschließend die Temperatur, sodass er nur noch köchelt. Legen Sie einen Deckel auf und lassen Sie alles 8 bis 10 Minuten kochen. Gießen Sie anschließend alles Wasser, das nicht aufgesogen wurde, ab.

Geben Sie die Beeren, gerade genug Wasser, um den Topfboden zu bedecken, den Sirup und den Essig in einen kleinen Topf. Stellen Sie ihn auf den Herd und lassen Sie die Beeren bei geringer Hitze sanft köcheln, bis die Beeren weich werden und nach 2 bis 5 Minuten nach und nach aufplatzen. Löffeln Sie die Beeren auf den Amarant und servieren Sie sie warm oder lauwarm.

MONDFEIERN

Jeder Stamm achtet bewusst auf die Jahreszeiten, um nach einem vom Mond und den Sternen, vom Wetter und vom Licht vorgegebenen Rhythmus innezuhalten. Wir haben keinen Gregorianischen Kalender, der uns Feiertage vorgibt. Vielmehr manifestiert sich die intime Verbindung jedes Stammes mit der Erde in dreizehn Vollmonden im Jahr, die mit auf einzigartige Weise in Zeit und Raum verankerten Traditionen gewürdigt werden. Man nehme nur die vielen verschiedenen Namen für einen Vollmond im September: Bei den Assiniboin heißt er »der Mond des Gelben Lichts«, bei den Cherokee »der Mond der Nussernte«, bei den Shawnee »der Mond der Pawpaw«, bei den Ojibwe »der blätterverändernde Farbmond«.

The Sioux Chef nimmt jeden Vollmond zum Anlass, ein spezielles Pop-up-Dinner auszurichten, bei dem es traditionelle Musik, Trommeln, Spoken-Word-Poetry und Gebete gibt. Dieses Engagement trägt zum Erhalt der Gemeinschaft bei. Wir haben mehrere Menüs solcher Festessen ausgesucht, die abbilden, wie unsere Gerichte hier zur Geltung kommen. Wir hoffen, sie helfen Ihnen dabei, wenn Sie selbst Feiern planen.

SPIRIT PLATE

WANÁǦI WAÉKIČIHNAKAPI

Respekt für Mutter Erde und Dankbarkeit für ihre Gaben, die sie uns selbstlos überlässt, stehen im Mittelpunkt unserer traditionellen Feste.

Bevor wir beginnen, reichen wir einen Teller als Opfergabe dar, gefüllt mit Bestandteilen des Essens, das wir heute gemeinsam zu uns nehmen, und präsentieren ihn im Gedächtnis an diejenigen, die nicht körperlich unter uns sein können, jedoch im Geiste bei uns sind.

Sie mögen verstorben, gefangen, krank, nicht reisetüchtig oder noch nicht geboren worden sein. An den Essensgaben auf diesem Teller nähren sich die Mysterien des Lebens. Sie sind eine Dankesgabe für all das, was wir von den Pflanzen und Tieren erhalten haben, die uns ernähren und ihr Leben gegeben haben, damit wir unseres weiter führen können.

Wir beten dafür, dass sie weiterhin in Hülle und Fülle bestehen und Schutz haben.
Wir beten dafür, dass alle Nationen Essen und Wasser haben.

FESTESSEN ANLÄSSLICH DES FLOWER MOON

WAABIGWANII-GIIZIS

Um den Frühling zu feiern, die Jahreszeit, die aus der eisernen Umklammerung des monotonen Winters hervorbricht, setzt dieses Menü die ersten frischen essbaren Erzeugnisse der Natur in Szene: Sauerampfer, Ramp-Lauch und Ahorn (als süße Belohnung). Unmittelbar vor diesem Essen, das in Northfield, Minnesota, stattfand, zog unsere Belegschaft in die umliegenden Wälder aus, um junge Fichtentriebe zu sammeln, die uns alle mit der mächtigen Energie des Frühlings in Verbindung bringen.

KLASSISCHER KANINCHENSCHMORTOPF – Seite 151
AMARANT-CRACKER – Seite 96
JUNGE FICHTENTRIEBE

GEDÖRRTES KANINCHENFLEISCH – Seite 152
GERÄUCHERTER WALDPILZ
GERÖSTETER KÜRBIS MIT AHORNAROMA – Seite 69
SAUERAMPFER
GETROCKNETER CHAGA

PÜREE AUS GRÜNEN ERBSEN
GERÄUCHERTE FORELLE – Seite 124
BALSAMTANNEN-PÜREE, GEPUFFTER WILDREIS – Seite 39

EICHEL-WILDREIS-KUCHEN – Seite 183
GETROCKNETE APFELRINGE – Seite 41
SONNENBLUMENKEKSE – Seite 175

FESTESSEN ANLÄSSLICH DES CHOKECHERRY MOON

CANPASAPA WI

Der Juli bringt uns die Traubenkirsche, ein wichtiges und symbolträchtiges Nahrungsmittel überall in den Great Plains. Aus ihr besteht unsere Basissauce, die Wojape-Sauce, die wir auch als Grundzutat für viele andere Saucen, Suppen, Salatdressings und Süßigkeiten einsetzen. Wie könnte man die bedeutsame Rolle, die die Traubenkirsche in unserer Kultur spielt, besser würdigen als mit einem Indigenous Foods Retreat im Coteau des Prairies Lodge in North Dakota, am äußersten Zipfel der Sissetno-Wahpeton Sioux Reservation. Dort fanden sich Menschen mit völlig unterschiedlichem Hintergrund zusammen, die etwas über Traubenkirschen, Stachelbeeren, Büffelbeeren und all die anderen in dieser weitläufigen, üppigen Landschaft wildwachsenden Nahrungsmittel erfahren, sie sammeln und mit ihnen kochen wollten. Mit dem Segen des Traubenkirschen-Vollmonds erzählten wir uns Geschichten, Legenden und was wir über indigene Lebens- und Arbeitsweisen wussten.

KANINCHENSCHMORTOPF – Seite 151
TIMPSULA-PUFFER – Seite 122
WOJAPE – Seite 37

MIT ZEDER GESCHMORTES BISON – Seite 158
MAISKUCHEN – Seite 87
HOLUNDERBEEREN
PILAW AUS WILDREIS – Seite 120

BISON-WASNA – Seite 163
GEPUFFTER WILDREIS – Seite 39
AMARANT-CRACKER – Seite 96

MAIS-SORBET – Seite 188
SONNENBLUMENKEKSE – Seite 175
HIMBEER-HAGEBUTTEN-SAUCE – Seite 182

FESTESSEN ANLÄSSLICH DES MIDSUMMER MOON

MONINGWUNKAUNING AND AABITA-NIIBINO-GIIZIS

Honor the Earth ist eine von Winona LaDuke gegründete Organisation, die es sich zur Aufgabe gemacht hat, indigenes Land, das durch die Erschließung von Erdöllagerstätten sowie die Förderung und den Transport von Erdöl – vor allem durch Pipelines – bedroht ist, zu schützen. Dieses Essen, das in Nisswa, Minnesota, abgehalten wurde, ist von den Aromen unserer klaren, kalten Seen, der tiefen Wälder und der Ojibwe-Traditionen geprägt. Wildreis, Fisch, Wildbret und Mais aus der Region vermitteln die Botschaft großzügiger Reichhaltigkeit. Indem wir dieses Essen miteinander geteilt haben, haben wir uns darauf zurückbesonnen, dass wir füreinander und für unsere wertvollen Ressourcen da sein müssen. Die Umweltprobleme, denen indigene Völker ausgesetzt sind, sind heute dringlicher als je zuvor.

GESCHMORTE SONNENBLUMEN – Seite 68
WILDKRÄUTER UND GRÜNES WILDGEMÜSE – Seite 61

GERÄUCHERTE ENTE – Seite 144
GERÄUCHERTE HERINGSMARÄNE – Seite 124

GERÖSTETER MAIS MIT WILDKRÄUTER-PESTO – Seite 49

OFENGEMÜSE MIT AHORN UND SALBEI – Seite 82

SALAT AUS WILDKRÄUTERN UND BEEREN
MIT PUFFAMARANT-SCHNITTEN – Seite 184

KÜRBISKERNE UND MAISKEKSE – Seite 178

SONNENBLUMENKEKSE – Seite 175

FEST DES ZAUBERERS UND DES ADLERS

MIXTEKISCH INSPIRIERTES MENÜ

Die indigenen Küchen in Nord-, Mittel- und Südamerika sind äußerst divers, wie man an diesem Menü sehen kann, das wir mit Chefkoch Neftalí Durán aus dem mexikanischen Oaxaca kreiert haben. Er kam zusammen mit seinem Team nach St. Paul in Minnesota, um dort ein Fest indigener mixtekischer Genüsse zu veranstalten – ausschließlich mit vorkolonialen Nahrungsmitteln. Als Neftalí mit dem Teller mit den Opfergaben ein Gebet sprach, geschah dies, um unsere gemeinsame Geschichte, unsere mühevollen Kämpfe und unsere Stärke in Ehren zu halten.

TIAKUI YA'A (MIT LIMETTE GEBEIZTER FISCH)

AGUACHILE DE HUACHINANGO
CHILI-ÖL
TOSTADO AMARANTO
SCHARFE SHRIMP-UND-AVOCADO-SALSA MIT TORTILLA-CHIPS

NDKU U VIDIA (HOMINY-SUPPE)

NAÑA ÑA NA MOLE
(TAMALES MIT GERÄUCHERTER ENTE – Seite 144)

IXTAÁ NDUNCHI
(GESCHMORTE SCHWARZE BOHNEN – Seite 72)
FRISCHE TORTILLAS

AUF DEM COMAL GEBACKENE SCHWARZE-BOHNEN-TORTILLA
SALSA VERDE MIT EINGELEGTEM HIBISKUS UND EPAZOTE

NIEVE ÑA TICHÍ
(AVOCADO-SORBET MIT SCHOKOLADEN-MOLE)

OWAMNI UND DER BUFFALO SKY

Owamni ist in der Sprache der Dakota der Name für die St.-Anthony-Fälle, die großen Wasserfälle, die heute unter der Bezeichnung St. Anthony Main Mississippi Riverfront laufen. Für die Dakota ist das ein spiritueller Ort. Mit dem Buffalo Sky ist eine Legende verbunden. Sie handelt von einem Jäger, der den Grund für das Verschwinden der Büffel herausfinden wollte. Er folgte ihren Spuren bis in den hohen Norden, wo sie einen Berg hinaufführten und sich dann im nächtlichen Himmel verloren, wo sie nun in Gestalt des Nordlichts hell erstrahlen. Sie warten auf die richtige Zeit, um zu uns zurückzukehren und wieder mit uns zusammenzuleben. Dieses erste Pop-up-Dinner, das wir je abgehalten haben, fand in der Nähe der historischen St.-Anthony-Fälle statt.

GEDÖRRTES KANINCHENFLEISCH – Seite 152
HOMINY-KÜCHLEIN – Seite 89
GERÖSTETE WALNÜSSE
HIMBEER-HAGEBUTTEN-SAUCE – Seite 182
LÖWENZAHN

MIT ZEDER GESCHMORTE BOHNEN – Seite 72
GERÄUCHERTE HERINGSMARÄNE – Seite 124

BISON-RIPPCHEN – Seite 156
GEPUFFTER WILDREIS – Seite 39
SÜSSKARTOFFELPÜREE
BRUNNENKRESSE

GERÄUCHERTE ENTE – Seite 144
GETROCKNETE HEIDELBEEREN
AMARANT-CRACKER – Seite 96
GERÖSTETE KÜRBISKERNE – Seite 201

KÜRBIS-SORBET MIT AHORN – Seite 191
KARAMELLISIERTER KÖRNERMIX – Seite 194

DANKSAGUNGEN

»Die New Native American Cuisine wird so langsam zu einem Trend, aber das ist nicht das Verdienst eines Einzelnen. Es ist ein gemeinschaftliches Werk. Wir müssen es zusammen auf den Weg bringen. Wir sprechen von ›indigener Partnerschaft‹ – alle ethnischen Gruppen arbeiten zusammen, wenn es um die indigene Agenda geht.« Chefköchin Lois Ellen Frank

Dieses Buch existiert dank des hingebungsvollen Engagements, der fachkundigen Fähigkeiten, der Leidenschaft und dank des Wissens und der Erfahrung vieler toller Menschen, die für mich ein Segen sind und mein Leben bis heute bereichern. Das Sioux Chef-Team – jede und jeder von euch ist von unschätzbarem Wert für mich: Brian Yazzie, Tashia Hart, Mike und Darius Willard, Andrea Weber, Nancy Sartor, Vern Defoe, Jenean Gilmore und Christine Werner, die mit uns zusammen die Reise begonnen haben. Diejenigen, die ihr indigenes Wissen mit anderen teilen: Diane Wilson (Dream of Wild Health), Rebecca Yoshino (Wozupi Tribal Gardens), Winona LaDuke, Elizabeth Hoover, Rowen White, Loretta Barret Oden, Simone Senogles, Nathan Ratner, Tejal Rao, Jed Portman, John T. Edge, John Currence, Christopher Kornmann, Seed Savers Exchange, Mashkiki Gardens, Little Earth of United Tribes und die Coteau des Prairies Lodge. Jody Eddy, dafür, dass sie uns mit so vielen Quellen in Verbindung gebracht hat; Chefkoch Lenny Russo, mein Mentor und Freund; Ben Gessner von der Minnesota Historical Society; Dawi Dakhóta Iápi Okhódakičhiye für seine Übersetzungen.

Als Sioux Chef-Team haben wir die Ehre, von unserer Kickstarter Community unterstützt zu werden. Ihr habt uns geholfen, den gemeinsamen Traum einer indigenen Küche wahr zu machen.

Unsere Familie besteht nicht nur aus denen, mit denen wir unmittelbar verwandt sind, sondern es gehören auch die unglaublichen Leute dazu, die uns all die Jahre hindurch unterstützt haben: Meine Mutter Joann Conroy und meine Schwester Kelly Sherman-Conroy, mein Vater und meine Stiefmutter, Gerald and Jael – ihr alle zeigt, wie positive Veränderungen in Indian Country herbeigeführt werden können; meine jüngeren Brüder und Schwestern Ben, Luke, Sarabeth und Bekkah; Charlene Hollow Horn Bear und ihre wunderbare Familie; unsere Onkel Marlon, Ben und Richard Sherman sowie Lori Pourier (First People's Fund).

Ich danke all denen, die geholfen haben, unsere Vision auf diese Buchseiten zu bringen: Beth Dooley, Autorin, Kollaborateurin und Freundin; den Fotografinnen Nancy Bundt, Mette Nielsen und Heidi Ehalt, dafür, dass sie den Geist, von dem unsere Arbeit beseelt ist, festgehalten haben; dem Team der University of Minnesota Press, darunter Daniel Ochsner, Laura Westlund, David Thorstad, und insbesondere unserem Lektor Erik Anderson, der als Allererster an uns geglaubt hat.

Und schließlich möchte ich dieses Buch meinem Sohn Phoenix Danger widmen – mögest du dazu beitragen, dass die Kraft und das Wissen unserer Vorfahren weiter in die Zukunft getragen wird.

QUELLEN

Da Sean immer weitere Quellen findet und sammelt, aktualisiert er diese Liste auf der Website www.sioux-chef.com.

Abbott, Patrick J.: »American Indian and Alaska Native Aboriginal Use of Alcohol in the United States.« In: American Indian and Alaska Native Mental Health Research 7(2): 1–13.

Albala, Ken: Food Cultures of the World Encyclopedia, Vol. 2. Santa Barbara, Calif.: Greenwood, 2011.

Baudar, Pascal: The New Wildcrafted Cuisine: Exploring the Exotic Gastronomy of Local Terroir. White River Junction, Vt.: Chelsea Green Publishing, 2016.

Cox, Beverly, und Martin Jacobs: Spirit of the Harvest: North American Indian Cooking. New York: Stewart, Tabori and Chang, 1991.
Deutsche Ausgabe: Das Indianer-Kochbuch. Aus dem Englischen übersetzt von Susanne Vogel. München: Christian Verlag, 1996.

Divina, Fernando, Marlene Divina, und das Smithsonian National Museum of the American Indian: Foods of the Americas: Native Recipes and Traditions. Berkeley: Ten Speed Press, 2004.

Frank, Lois Ellen: Foods of the Southwest Indian Nations: Traditional and Contemporary Native American Recipes. Berkeley: Ten Speed Press, 2002.

Geniusz, Mary Siisip, und Wendy Makoons Geniusz: Plants Have So Much to Give Us, All We Have to Do Is Ask: Anishinaabe Botanical Teachings. Minneapolis: University of Minnesota Press, 2015.

Hetzler, Richard: The Mitsitam Café Cookbook: Recipes from the Smithsonian National Museum of the American Indian. Golden, Colo.: Fulcrum Publishing, 2010.

Kavasch, E. Barrie: Native Harvests: American Indian Wild Foods and Recipes. Mineola, N.Y.: Dover Publications, 1977.

Kimmerer, Robin Wall: Braiding Sweetgrass: Indigenous Wisdom, Scientific Knowledge, and the Teachings of Plants. Minneapolis: Milkweed Editions, 2013.
Deutsche Ausgabe: Geflochtenes Süßgras. Die Weisheit der Pflanzen. Aus dem Amerikanischen übersetzt von Elsbeth Ranke unter Mitarbeit von Wolfram Ströle und Friedrich Pflüger. Berlin: Aufbau, 2021.

Kuhnlein, Harriet V. und Nancy J. Turner: Traditional Plant Foods of Canadian Indigenous Peoples: Nutrition, Botany and Use. Phildelphia: Gordon and Breach Publishers, 1991.

Marshall, Joseph M., III.: The Journey of Crazy Horse: A Lakota History. New York: Penguin, 2004.

Ders: The Lakota Way: Stories and Lessons for Living. New York: Penguin, 2001.
Deutsche Ausgabe: Der stille Pfad. Indianische Weisheitsgeschichten. Aus dem Amerikanischen von Andrea Schleipen. Freiburg, Basel, Wien: Herder, 2013.

Miller, Jen: »Frybread: This Seemingly Simple Food Is a Complicated Symbol in Navajo Culture.« Smithsonianmag.com/arts-culture/frybread-79191.

Moerman, Daniel E.: Native American Food Plants: An Ethnobotanical Dictionary. Portland, Ore.: Timber Press, 2010.

Ross, Anne, Kathleen Pickering Sherman, Jeffrey G. Snodgrass, Henry D. Delcore, und Richard Sherman: Indigenous Peoples and the Collaborative Stewardship of Nature: Knowledge Binds and Institutional Conflicts. London: Routledge, 2011.

Segrest, Valerie, und Elise Krohn: Feeding the People, Feeding the Spirit: Revitalizing Northwest Coastal Indian Food Culture. Seattle: Chatwin Books, 2010.

Turner, Nancy J.: Ancient Pathways, Ancestral Knowledge: Ethnobotany and Ecological Wisdom of Indigenous Peoples of Northwestern North America. Vancouver: University of British Columbia Press for the Royal British Columbia Museum, 1997.

Vennum, Thomas, Jr.: Wild Rice and the Ojibway People. St. Paul: Minnesota Historical Society Press, 1988.

Wilson, Gilbert L.: Buffalo Bird Woman's Garden. St. Paul: Minnesota Historical Society Press, 1987.
Titel ist nicht ins Deutsche übersetzt; erhältlich ist aber ein anderes von Gilbert L. Wilson ediertes Buch mit Schilderungen von Buffalo Bird Woman: Waheenee, ein Indianermädchen erzählt; von ihr selbst überliefert an Gilbert, L. Wilson; mit einer Einführung von Jeffery R. Hanson und Illustrationen von Frederick N. Wilson; übertragen von Tobias Enge. Hohenthann: TraumFänger Verlag, 2017.

REGISTER